Altbayerisch für Einsteiger

SOCIETÄTS**VERLAG**

Alle Rechte vorbehalten · Societäts-Verlag
© 2007 Frankfurter Societäts-Druckerei GmbH
Satz: Janß GmbH, Pfungstadt
Druck und Verarbeitung: Messedruck Leipzig GmbH
Printed in Germany 2007
ISBN 978-3-7973-1065-1

Inhaltsverzeichnis

Vorwort		7
„Die Komiker"		
Folge 28	„Ausdruck des Schmerzes"	9
Folge 32	„Die Liebeserklärung"	13
Folge 34	„Das Kompliment"	17
Folge 35	„Die aggressive Auseinandersetzung"	21
Folge 37	„Absolute Beginners"	25
Folge 38	„Die Aufklärung"	31
Folge 39	„Der Mann als Ernährer"	37
Folge 40	„Die nächtliche Heimfahrt"	43
Folge 41	„Hygiene und Sauberkeit"	49
Folge 42	„Der eingebildete Kranke"	55
Folge 43	„Im Saunastüberl"	61
Folge 45	„Essen mit Hindernissen"	67
Folge 46	„Die Bierprobe"	73
Folge 47	„Das bayerische A und O"	79
Folge 48	„Ackerbau und Viehzucht"	83
Folge 49	„Gefährliche Arbeiten in den eigenen vier Wänden"	87
Folge 50	„Die Urlaubsvorbereitung"	93
Folge 51	„Die doppelte Verneinung"	99
Folge 53	„Fairness am Spielfeldrand"	105
Folge 54	„Bairisches Liedgut"	111
Folge 55	„Das neue Domizil"	115

Folge 56	„Der Hosenkauf"	121
Folge 57	„Die Danksagung"	127
Folge 58	„Bavarian English"	133

Das Team von „Die Komiker" 139

Bildnachweis 144

Vorwort

Vor ein paar Tagen kommt eine junge Japanerin auf mich zu und spricht mich an, und zwar im astreinen Bairisch. Es dauert einige Sätze, bis ich merke, dass sie ausschließlich Zitate aus den Sketchen „Altbayerisch für Einsteiger" verwendet. Kurz darauf tritt ihr Freund an ihre Seite, ein gestandenes Mannsbild und Bayer und erzählt mir freudestrahlend, dass sie mit Hilfe dieser Sketche Bairisch lerne. Das hat mich sehr beeindruckt und lässt mich staunen, welch weite Kreise eine Idee, die man vor Jahren mit Freunden gesponnen hat, plötzlich ziehen kann.

Auf Geburtstagen, Hochzeiten, Weihnachtsfeiern usw. werden diese Sketche mittlerweile nachgespielt, obwohl bisher noch keine Textfassung im Handel erschienen ist.

Höchste Eisenbahn also, endlich den richtigen Verlag zu finden, um jedermann einen unkomplizierten Zugriff auf diesen „Kursus" zu ermöglichen.

In diesem Buch findet Ihr 24 Folgen, die ich für die Sendung „Die Komiker" im Bayerischen Fernsehen in den letzten Jahren verfasst habe.

Ich möchte unbedingt unterstreichen, dass ich niemals behaupten würde, dies wäre das echte Bairisch, wie es sich gehört und wie es die Grammatik verlangt. In einer Fachdiskussion mit Sprachwissenschaftlern stünde ich wahrscheinlich sehr schnell auf verlorenem Posten. Es handelt sich hier lediglich um das Bairisch, das mir vertraut ist, das mich mein Leben lang begleitet und mich ausmacht.

Nur deshalb konnte ich den Spaß an der Sache entwickeln, der sich so sichtbar auf meine Kollegen Eva Mähl, Monika Gruber, Christian Springer, Günter Grünwald und Andreas Giebel übertragen hat.

Besonderer Dank geht an dieser Stelle an unseren Regisseur

und Redakteur, Helmut Milz, der diesem „Sprachkurs" den nötigen Anstrich verpasst und für seine Unverkennbarkeit gesorgt hat.
Danke auch an unseren Producer, Michael Knötzinger, für seine Anregungen und seine Kritik und natürlich danke ich all jenen, die mich, durch ihr Verhalten und durch ihre Eigenheit im Gebrauch unseres wunderbaren Dialekts, immer wieder zu neuen Folgen inspirieren und motivieren.

Ich wünsche Euch viel Spaß mit diesem Buch!
Viel Freude beim Lesen und Nachspielen!
Und sollte jemand auf Euch zukommen und Euch darauf aufmerksam machen, dass das ja ein sauberer Schmarrn sei, dann sagt ihm einen schönen Gruß von mir und ein kräftiges: „Ja, genau!"

Habe die Ehre

Michael Altinger

"Die Komiker", Folge 28

"Ausdruck des Schmerzes"

>   Moderatorin: Eva Mähl
>   Franz: Günter Grünwald
>   Theo: Andreas Giebel
>   Blasi: Michael Altinger
>   Lissi: Monika Gruber

Drei Bierdümpfln sitzen an einem Tisch. Blasi, Theo und Franz. Moderatorin tritt ins Bild.

Moderatorin *(sachlich nüchtern)*:
Guten Abend. Ich darf Sie begrüßen zu einer neuen Reihe innerhalb unseres Fortbildungsprogramms, zum Thema: "Fremde Kulturen besser verstehen".
Heute: "Altbayerisch für Einsteiger".
Wir beginnen mit Lektion 1: Ausdruck des Schmerzes.
Das sind Blasi, Theo und Franz. Blasi fängt an.

Blasi steht auf und haut sich auf die Nase. Es läuft Blut heraus.

Blasi *(strahlend)*:
I bliat!

Moderatorin:
Ich wiederhole: "I bliat." – "Ich blute."

Theo und Franz stehen auf. Theo haut Franz auf die Nase. Blut läuft heraus.

Theo *(zu Franz)*:
Du bliatst.

Moderatorin:
"Du bliatst." – "Du blutest."

9

Blasi und Franz beziehen Theo in die Schlägerei mit ein.

Blasi und Franz hauen Theo gleichzeitig auf die Nase. Theo blutet.

Blasi und Franz *(deuten auf Theo)*:
Er bliat.

Moderatorin:
„Er blutet."
Eine junge Dame tritt in die Situation.

Eine junge Dame im Dirndl (Lissi) tritt ins Bild, sie blutet bereits aus der Nase. Sie ist bestens gelaunt und deutet auf die drei Herren.

Lissi:
Ja, bliats Es a?!

Moderatorin:
„Blutet Ihr auch?"

Blasi, Theo und Franz legen die Arme um ihre Schultern und strahlen blutverschmiert in die Kamera.

Blasi, Theo, Franz *(gleichzeitig)*:
Ja, mia bliat ma!

Moderatorin:
„Ja, wir bluten!"
So! Das Ganze noch einmal von vorne bitte.

Blasi haut sich auf die Nase.

Blasi:
I bliat.

Theo haut Franz auf die Nase.

Theo:
Du bliatst.

„So. Das Ganze noch einmal voon vorne bitte!"

Franz und Blasi hauen Theo auf die Nase.

Franz und Blasi:
Er bliat.

Lissi kommt ins Bild:

Lissi:
Ja, bliats Es a?!

Theo, Blasi und Franz liegen sich in den Armen.

Theo, Blasi und Franz:
Ja, mia bliat ma!

Moderatorin:
Das war „Altbayerisch für Einsteiger"…

Die drei machen im Hintergrund weiter; während die Moderatorin ihre Abmod spricht, hört man aus dem Hintergrund ständig Worte, wie „bliat, bliatst, bliatata, Bliaterei" usw.

Moderatorin:
… Lektion 1: „Ausdruck des Schmerzes".
Nächste Woche dann Lektion 2, mit dem Titel: „Reanimation und Wiedergeburt".
Danke für Ihre Aufmerksamkeit.

Moderatorin tritt aus dem Bild. Die drei Herren bleiben zurück.

Blasi:
Und? Bliat ma nomoi?!

Die andern beiden:
Freili.

Jeder haut jedem auf die Nase.

„Die Komiker", Folge 32

„Die Liebeserklärung"

Moderatorin: Eva Mähl
Fritzi: Michael Altinger
Lissi: Monika Gruber

Ein Pärchen (Lissi und Fritzi) steht nebeneinander und strahlt sich verheißungsvoll an. Eine Moderatorin tritt vor die Beiden.

Moderatorin:
Ich begrüße Sie zu unserm Kursus: „Altbayerisch für Einsteiger".
Heute Lektion 35: „Die Liebeserklärung".
Das sind Fritzi und Lissi. Fritzi macht Lissi seine Aufwartung.

Fritzi hält Lissi einen bunten Blumenstrauß entgegen.

Fritzi:
Schaug! Wos i für Di hob! Hob i selba für Di brockt.

Moderatorin:
Ich wiederhole: Hob i selba für Di brockt.
Zu Deutsch: selbst gepflückt.

Fritzi:
Schaug! Do hob i *(sagt die Blumennamen)* Funslgleckein, Rodeln, Schwanklgurkn und echte Straußjoseffransen.

Moderatorin:
Ich wiederhole: „Straußjoseffransen".
Zu Deutsch: die Bayerischste aller Blumen!

Lissi:
Z'wengs da Mirigen?

Fritzi:
Z'wengs da Dirigen und nia koana Andrigen net!

Moderatorin *(hat schon leichte Schwierigkeiten)*:
Ich wiederhole: „Z'wengs da Dirigen und nia koana Andrigen net."
Zu Deutsch: Wegen dir und nie keiner Anderen … nicht.
Lissi erwidert Fritzis Zuneigung.

Lissi:
Koa Andrige dat den Deinigen so zur Ihrigen macha, wia d'Mirige.

Moderatorin:
Ich wiederhole: „Koa Andrige dat den Deinigen so zur Dirigen Ihrigen …" Verzeihung.. „Koa Andrige dat die Mirigen … Koa Dirige … dat den Deinigen …"
Lissi sagt: Ich mag dich auch.

Fritzi:
Ah, da wißat i scho de Einige oder Andrige, die den Meinigen, zur Ihrigen macha dadatn, wia de Dirige.

Fritzi und Lissi schauen zur Moderatorin.

Moderatorin:
Äh ich äh … *(zu Fritzi)* Wie war das nochmal im Mittelteil?

Fritzi *(wiederholt)*:
Die den Meinigen zur Ihrigen macha dadatn.

Moderatorin *(arg in Bedrängnis)*:
Genau. Alles klar. Gut …
Lissi verzichtet auf die Übersetzung und entgegnet Fritzi prompt.

Lissi:
So!! Welchane dat nachad no den Deinigen zur Ihrigen macha?

Fritzi *(deutet jeweils in die Richtung)*:
De Drenterne und de Drübrige!

Die Kollegen über Michael

Monika Gruber: „Wenn unser Michal nicht so ein warmherziger und liebenswerter Mensch wäre, dann könnte er einen manchmal ganz schön nerven mit seinem perfekten Leben: perfekte Frau, perfekte Kinder, perfektes Haus, perfekter Hund (oder wars a Meerschweindl)."

Christian Springer: „Michis Motor läuft immer auf Hochtouren. Fehlt kurz vor Sendebeginn noch irgendwo die richtig sitzende Pointe – der Michi findet sie."

Eva Mähl: „Unser Michi ist liebenswürdig, smart, fleißig, kreativ, gutaussehend und zuverlässig. Kurz: ein Mann wie ein Groschenroman, voller spannender Seiten und viel zu schön um wahr zu sein."

Lissi:
Dann schiab da doch Deine Straußjoseffransen in Dein Hintrigen!
(zur Moderatorin) Des kannst jetzt leicht übersetzen!!

Moderatorin *(erlöst)*:
Lissi fordert Fritzi auf, sich als Blumentopf zur Verfügung zu stellen.

Fritzi *(zieht sich die Hose runter, greift sich den Strauß)*:
Also gut! Du hättst'as eh verrecka loßn.

Lissi *(reißt ihm den Strauß wieder aus der Hand)*:
Nia dat i Straußjoseffransen verrecka loßn!
Du moanst ja eh oiwei, dass de Meinige an Deinigen direkt des dadat, wos a Andrige an Ihrigen nia net doa dat, Du dorada (gehörlos) Deife Du.

Sie geht, Fritzi bleibt zurück.

Moderatorin *(zu Fritzi)*:
Was?

Fritzi:
Ich hab kein Wort verstanden.

Moderatorin:
Das war „Altbayerisch für Einsteiger", Lektion 35: „Die Liebeserklärung".
Schalten Sie auch nächste Woche wieder ein, zu Lektion 36, mit dem Titel: „Wenn die Ihrige mit dem Seinigen, den Meinigen …" oder schalten Sie nächste Woche lieber doch nicht ein.
Guten Abend.

„Die Komiker", Folge 34

„Das Kompliment"

Moderatorin: Eva Mähl
Schorschi: Michael Altinger
Lissi: Monika Gruber

Ein bayerisches Ehepaar (Lissi und Schorschi) und eine Dolmetscherin. Schorsch sitzt an einem Tisch mit einem Bier. Die Moderatorin tritt ins Bild.

Moderatorin *(sehr sachlich und steif)*:
Guten Abend.
Ich freue mich, Sie wieder einmal begrüßen zu dürfen, zu unserm Kursus: „Altbayerisch für Einsteiger".
Heute Lektion 56: „Das Kompliment".

Lissi kommt in einem neuen Dirndl ins Bild.
Dolmetscherin steht neben Schorsch.

Moderatorin:
Das sind Elisabeth und Georg. Elisabeth hat ein neues Kleid.

Lissi:
Schau Schorschi, wos i ma kaft hob!

Moderatorin:
„Sie her Georg, was ich käuflich erworben habe."
Georg freut sich.

Georg *(trocken)*:
Sauber.

Moderatorin:
Ich wiederhole: „Sauber."
Zu Deutsch: „Ich könnte Luftsprünge machen, vor unend-

17

licher Freude, beim Anblick dieses Meisterstücks des Schnei-
derhandwerks!"
Elisabeth möchte ein Kompliment hören.

Lissi:
Gfoits Da?

Moderatorin:
(spricht hochdeutschbayerisch) „Gfoits Da?"
„Bist du beeindruckt?"
Georg antwortet mit einem Kompliment.

Georg:
Wos hodn des kost?

Moderatorin:
(spricht hochdeutschbayerisch) „Wos hodn des kost?"
Zu Deutsch: „Welch sinnvolle Investition!"

Lissi:
Bloß Zwoahundertvierafuchzg Zwoaraneinzg.

Georg:
Ha?!

Moderatorin:
Ich wiederhole: „Ha?!"
Zu Deutsch: „Könntest du das eben Gesagte noch einmal
wiederholen?"

Lissi:
Zwoahundertvierafuchzg Zwoaraneinzg.

Georg *(sehr emotional und leicht unverständlich)***:**
Ja Himmeherrschaftzeiten! Moanst, mir homma an Geld-
scheißer dahoam. Ois is aufghaxt, ois is hi und Du haust'as
auße! Ja glabst, dass i zwengs da Gaudi owei bucklt, Du drei-
moi gwatschte Krattlerpritschn!

Eine Pause entsteht.

Moderatorin *(hat nicht verstanden, spricht zu Georg)***:**
Wie?

„Ich bin so froh, dass der Michal diese Serie erfunden hat, denn sonst bräuchte ich wahrscheinlich einen furchtbar teuren Therapeuten, der mir raten würde, Algen zu essen und am Marktsonntag zum Gedudel von Hansi Hinterseer pudelnackert durch die Erdinger Innenstadt zu tanzen. Ich bin so froh!"

(Monika Gruber)

Lissi:
Krattlerpritschn.

Moderatorin:
Ich denke, die Preisvorstellungen klaffen diametral auseinander.

Georg *(zu Lissi)*:
Wer isn sie überhaupts?

Lissi *(zu Georg)*:
Des is doch die Frau von der Volkshochschul, die seit neiastn bei uns wohnt.

Georg:
Ja und jetz derf i ma die ganze Zeit vo dera nachmauln laßn, oder wia?

Lissi:
Mei, die hat halt nix anders glernt. Die konn net anders.

Georg *(zur Moderatorin)*:
Jetz moan i schleichst Di dann langsam.

Lissi *(entsetzt)*:
Schorschi!

Moderatorin:
Ich wiederhole: „Jetz moan i schleichst Di dann langsam." Zu Deutsch: „Sie sind hier nicht erwünscht."

Schorschi *(steht auf)*:
Auf Wiedersehn!

Moderatorin:
Ja dann verzupf i mi hoit *(Nasenknuff)*

Moderatorin ab.

Schorsch *(hochdeutsch)*:
Die Dame meinte: Es ist Zeit für mich zu gehn.

Lissi *(hochdeutsch)*:
Na, Joachim, das klappt doch schon ganz gut mit dem Bayerisch.

Schorsch:
Sie hats uns abgenommen.

"Die Komiker", Folge 35

"Die aggressive Auseinandersetzung"

Moderatorin: Eva Mähl
Franz: Günter Grünwald
Blasi: Michael Altinger
Theo: Andreas Giebel

Drei Bierdimpfln sitzen in einer Stubn vor ihrem Bier (Franz, Blasi und Theo). Moderatorin tritt ins Bild.

Moderatorin *(sehr sachlich und steif):*
Guten Abend zu unserem Kursus: "Altbayerisch für Einsteiger".
Heute Lektion 351: "Die aggressive Auseinandersetzung".
Das sind Franz, Blasi und Theo. Franz hat ein Problem.

Franz erhebt sich und spricht zu Theo.

Franz:
Wos schaugstn so bled, Du Depp? Soi i da Oane prelln?

Moderatorin:
Ich wiederhole: "Soi i da oane prelln?"
Zu Deutsch: "Wünschst Du, dass ich Dir Schmerzen zufüge?"
Theo entgegnet.

Theo erhebt sich, spricht zu Franz.

Theo:
Du datst mia Oane prelln woin!?

Moderatorin:
Zu Deutsch: "Ich hege Zweifel an Deinem Vorhaben."
(Geht zu Franz.) Franz unterstreicht seine Absicht, "Theo Oane prelln zu woin", mit einer raffinierten Bemerkung.

21

Franz:
Freili.

Moderatorin:
Es knistert. *(Geht zu Blasi.)* Blasi versucht den Streit zu schlichten.

Blasi erhebt sich und spricht zu beiden.

Blasi:
Jetz gebts a Rua, sonst prell i Eich olle zwoa oane.

Moderatorin:
Oh, ich glaub, jetzt geht's hier gleich richtig zur Sache!

Theo *(zu Blasi)***:**
Des möcht i scho wissen, wer da wem oane prellt,
wenn er mir oane prelln dat.

Franz:
Bevorst Du uns oane prellst, hob i eam scho zwoamoi oane gschoßn.

Moderatorin:
Aha! Ein neues Wort. „Gschoßn".
„Gschoßn" ist ein Synonym und bedeutet so viel wie „prelln".

Blasi:
So schnell schaugts'es garnicht, wia i Eich oane schiaß! So schnell bin i do scho …

Moderatorin *(bremst Blasi)***:**
Stop, stop, stop!
Ich wiederhole: „i Eich oane schiaß!"
was so viel heißt, wie: „i Eich oane prell".
Zu Deutsch: „Ich Euch Schmerzen zufüge".

Theo:
Do hod er mia oiwei scho oane prellt.
Do brauchst Du net glabn …

22

„Oiso nachad. Prost!"

Moderatorin:
Halt. Ich wiederhole …

Blasi *(zur Moderatorin)*:
Nein! Jetz hoitst amoi Dei Mei!

Moderatorin:
„Jetz hoitst amoi Dei Mei."
Zu Deutsch: „Ich möchte Sie höflichst bitten zu schweigen."

Franz *(zur Moderatorin)*:
Ja moanst, dass ma si jetz da amoi gscheit ofeng kannt!?

Moderatorin:
„Ja moanst …"

Franz, Blasi, Theo:
Ah Ruah is!

Moderatorin:
„Ah Ruah is! „
Zu Deutsch: Ich habe Durchfall!

Blasi, Theo und Franz setzen sich entnervt wieder hin.

Moderatorin:
Es kommt nun zum unvermeidlichen Show-down.

Theo:
Oiso nachad. *(Hebt seinen Bierkrug.)* Prost!
(Alle prosten sich zu.)

Moderatorin *(will die Situation retten)*:
Ich sagte: Es kommt zum unvermeidlichen Show-down!

Blasi:
Na, heid nimma.

Moderatorin:
Also gut, dann eben nicht. Dann also keine aggressive Auseinandersetzung.
(hochdeutschbayerisch) „Servus, es damischen Hamperer es."

Moderatorin geht ab.

Theo *(zu Blasi)*:
Jetzt hast'as beleidigt.

Blasi:
Wer hat wen beleidigt?

Franz:
Du! Du Krattler Du!

Blasi springt auf, holt mit seinem Bierkrug aus.

Blasi:
Des sogst Du net nomoi!

Theo:
Ein Krattler bist!

Blasi haut Theo den Bierkrug auf den Schädel, eine Schlägerei bricht aus. Schlussmusik.

„Die Komiker", Folge 37

„Absolute Beginners"

Moderatorin: Eva Mähl
Paul: Michael Altinger
Maria: Monika Gruber
Horst: Christian Springer

Moderatorin:
Herzlich Willkommen zu unserem Kursus „Altbayerisch für Einsteiger".
Heute Lektion 1A: „Bayerisch für absolute Anfänger und solche, die auch sonst nix kapieren".
Das sind Paul und Maria. Paul lernt Maria kennen und bekundet auch Interesse zu einer näheren Bekanntschaft.

Paul und Maria stehen steif nebeneinander und schauen sich nicht an. Sie betonen ihre Sätze, im Stil von Englischsprachkursen.

Paul:
(hebt mechanisch die Hand) Servus.
I hoaß Paule und bin hoaß, wia hoaßt Du?

Maria:
I hoaß Mare, *(hebt mechanisch die Hand)* Servus.
Wia hoaßt Du?

Paul:
Paule hoaß i und hoaß bin i. Hoaßt Du Mare?

Maria:
Ja, i hoaß Mare.

Paul:
Des woaß i scho.

Maria:
Wos frogst dann so blöd?

Moderatorin:
Nachdem sich die beiden vertraut gemacht haben, betritt eine dritte Person die Szenerie und wünscht ebenfalls die Bekanntschaft mit Paul und Maria.

Horst kommt und stellt sich ebenfalls steif neben die andern beiden.

Horst:
(hebt mechanisch die Hand) Servus.
I hoaß Horst und bin Schwoaßer.

Moderatorin:
Ich wiederhole. „Servus. I hoaß Horst und bin Schwoaßer."
Zu Deutsch: „Hallo, ich heiße Horst und bin Schweißer."

Paul:
I hoaß Paule und bin hoaß, Schwoaßer Horst.

Moderatorin:
Ich heiße Paul und bin heiß, Schweißer Horst.

Maria:
Mare hoaß i, Horst.
Und er is hoaß und schwoaßlt, Schwoaßer Horst.

Moderatorin:
Maria heiß ich, Horst. Und er ist heiß und …

Maria *(aus dem Hintergrund)***:**
Schwoaßlt.

Moderatorin:
Und schwitzt, Schweizer … Schweißer Horst.

Paul:
Woaßt, Schwoaßer Horst, wenn die Mare oan Schwoaßer

Die Kollegen über Christian

Monika Gruber: „Ich kenne Christians liebenswerten Macken bald besser als meine eigenen: Cola nur kurz vor dem Gefrierpunkt, Weißwürscht mit Butterbrot und am liebsten Fischgerichte vom Kaffeeröster mit dem großen „D". Stimmt's, oder hob I recht, Schwoasser Hoast"

Eva Mähl: „Christian ist in der Lage, sich gleichzeitig im Sitzen ein Bein zu verknacksen, den Kaffee weiträumig über den Studioboden auszuschütten und die gereichte Küchenrolle so kunstvoll mit der Zehenspitze wegzukicken, dass sie sich bis aufs letzte Papier-Fitzerl im Studio ausrollt. Ein märchenhaftes Original, das uns täglich aufs Neue erheitert und mir sehr ans Herz gewachsen ist!"

Michael Altinger: „Christian ist einer der wenigen Menschen, die fast immer zu spät kommen, denen man aber sofort alles verzeiht, sobald sie endlich da sind."

hoaßt, dann woaßt, dass des hoaßt, dass oana beim Schwo-
aßln schwoaßt.

Horst:
Des hob I jetz net verstandn.

Moderatorin:
Das hab ich jetzt nicht verstanden.

Horst *(zur Moderatorin)*:
Na, i hobs net verstandn.

Moderatorin:
Nein, ich hab es nicht verstanden.

Horst:
Na, i!

Moderatorin:
Nein, ich!

Horst geht wutentbrannt nach vorne zu der Moderatorin.

Horst *(bedrohlich)*:
Was i no net woaß. Wia hoaßt na Du?

Moderatorin:
Ich heiße Cordula Steinmeißl.

Horst:
Wia?

Paul:
Koadl Stoamoaßl hoaßts.

Horst:
A so. Ja des is natürlich wos anders.

*Horst ist sichtlich angetan von der Moderatorin und kommt
ihr langsam näher.*

Maria:
Da Horst is hoaß, auf d'Koadl Stoamoaßl.

Paul:
Koadl, woaßt, wos des hoaßt, wenn a Schwoaßer hoaß is.

Moderatorin:
Er schwoaßlt.

Paul:
Genau.

Moderatorin:
Schalten Sie auch nächste Woche wieder ein, zu „Altbaye-risch für Einsteiger". Dann mit Lektion 1B „Gerüche und andere Betäubungsmittel".
Na dann, gut Nacht.

Sie gleitet Horst in die Arme, er trägt sie weg.

"Die Komiker", Folge 38

„Die Aufklärung"

Moderatorin: Eva Mähl
Vater Blasi: Michael Altinger
Sohn Blasi: Christian Springer
Mutter Blasi: Monika Gruber

Vater und Sohn sitzen an einem Bauerntisch, zwei Stein-Bierkrüge. Der Vater ist sehr alt und der Sohn ist sichtbar um die 40.

Moderatorin:
Herzlich Willkommen zu unserem Kursus „Altbayerisch für Einsteiger".
Heute Lektion 245: „Die Aufklärung".
Das ist Vater Blasi mit seinem Sohn Blasi. Vater Blasi steht vor der schweren Aufgabe, seinen Sohn Blasi in die geheimsten Geheimnisse der Sexualität einzuführen. Dabei steht er fest zu seinen väterlichen Pflichten und schreckt in keinster Weise davor zurück.

Vater Blasi *(motiviert)*:
Bua.

Sohn Blasi *(motiviert)*:
Vata.

Vater Blasi:
Du.

Sohn Blasi:
Ha?

Vater Blasi:
Dings.

Sohn Blasi:
Was?

Vater Blasi:
Jetzt trink ma zerscht amoi.

Beide trinken.

Moderatorin:
Ich wiederhole: „Bua, Vata, Du, Ha, Dings, Was, jetzt trink
ma z'erscht amoi."
Zu Deutsch: „Junge, ich habe dir eine wichtige Mitteilung zu
machen. Lass uns zuerst die Kehlen befeuchten." Vater Blasi
hat nun die idealen Rahmenbedingungen für sein Vorhaben
geschaffen und kommt nun ohne Umschweife zum Thema.

Vater Blasi:
Pass auf Bua, es is a so. Es gibt einfach Sachan im Lebn, de
ghörn einfach dazua und deswegn is jetzt so weit, dass i Dir
sogn muss …

Sohn Blasi:
Ha?

Vater Blasi:
Dings.

Sohn Blasi:
Was?

Vater Blasi:
Prost.

Sohn Blasi:
Prost.

Moderatorin:
Ich wiederhole: „Prost, Prost."
Zu Deutsch: „Prost, prost."
Nun betritt Mutter Blasi die Szenerie, um dem großen Au-
genblick im Leben ihrer beiden Männer beizuwohnen.

Mutter Blasi:
Host'as eam scho gsogt?

Sohn Blasi:
Ha?

Mutter Blasi:
Dings.

Sohn Blasi:
Was?

Vater Blasi:
Prost.

Sohn Blasi:
Prost.

Mutter Blasi:
Prost.

Moderatorin:
Sohn Blasi spürt nun, dass seine Eltern etwas im Schilde führen und ergreift – von der Neugier getrieben – nun selbst die Initiative.

Sohn Blasi *(angetrunken)***:**
Vata. Muata.

Vater Blasi *(angetrunken)***:**
Was?

Mutter Blasi:
Was?

Sohn Blasi *(schaut kurz in seinen Steinkrug)***:**
A's Bier is aus.

Moderatorin:
Ich wiederhole: „A's Bier is aus."
Zu Deutsch: „Kommt jetzt bitte endlich zur Sache!"
Die Lage spitzt sich somit spürbar zu und wir steuern unumkehrbar dem Höhepunkt entgegen.

Vater Blasi:
Um Himmelswuin, no nia is uns a's Bier ausganga.

Sohn Blasi:
Seit 30 Jahr no net.

Mutter Blasi *(zu Vater)***:**
Ja ja, seitdem Du eam aufklärn wuist.

Sohn Blasi *(zu Vater)***:**
Wos moants?

Vater Blasi:
Ah nix. Bloß…

Mutter Blasi:
Jetz muaßt'as eam sogn!

Vater Blasi:
Oiso guat. Jetz sog i's eam.

Sohn Blasi *(steht auf)***:**
Sog nix! I mog nimma! I geh jetz!

Vater Blasi:
Ja Bua, Du konnst doch jetz net geh!

Mutter Blasi:
Wo gehst denn hi, Bua?

Sohn Blasi:
Hoam, zu meiner Frau und die Kinder.

Mutter Blasi:
Du host Frau und Kinder?

Vater Blasi:
Das host uns ja garnet gsagt.

Sohn Blasi:
Ja, wia denn? Bei der ewigen Sauferei!

Ich wiederhole: „Bua, Vata, Du, Ha, Dings, Was, jetzt trink ma z'erscht amoi."

Sohn Blasi ab.

Moderatorin:
Vater Blasi bereinigt nun endgültig die Situation.

Vater Blasi *(stellt zwei Schnapsstamperl auf den Tisch)*:
Mogst an Schnaps?

Mutter Blasi:
Prost.

Vater Blasi:
Prost.

Beide trinken einen Schnaps nach dem anderen, während im Vordergrund die Moderatorin spricht.

Moderatorin:
Das war Lektion 245: „Die Aufklärung".

Schalten Sie auch nächste Woche wieder ein zu „Altbayerisch für Einsteiger".
Dann Lektion 246, mit dem Thema „Du … …"

Vater und Mutter Blasi:
Ha?

Moderatorin:
Dings

Vater und Mutter Blasi:
Wos?

Moderatorin:
Ah, jetzt trink ma erst einmal!

Vater und Mutter Blasi:
Prost.

Moderatorin:
Guten Abend.

„Die Komiker", Folge 39

„Der Mann als Ernährer"

Moderatorin: Eva Mähl
Wiggerl: Christian Springer
Karli: Michael Altinger
Resi: Monika Gruber

Zwei Männer (Wiggerl und Karli) stehen in Lederhosen und weißen Hemden vor einem Grill. Beide haben ein Glas Weißbier in der Hand, sind schon leicht angetrunken. Hinter ihnen ist der Tisch komplett hergerichtet mit Salaten, Soßen, Würsten und Grillfleisch. Der Grill ist innen voller Staub, es glüht nix.

Moderatorin:
Herzlich Willkommen zu unserem Kursus „Altbayerisch für Einsteiger".
Heute Lektion 2011: „Der Mann als Ernährer".
Das sind unsre beiden Ernährer Wiggerl und Karli. Beide haben bewusst den ganzen Tag auf jegliche Speisenzufuhr verzichtet und hoffen bereits seit einiger Zeit auf die nötige Hitze im Grill, um sich nun ganz und gar ihren kulinarischen Gelüsten hingeben zu können.

Karli:
Ja, ja. I sog immer: Je mehr ma wart, umso länger konn ma si drauf gfrein.

Wiggerl:
Ja ja, aber jetzt wär ich scho sche langsam amoi froh, wenn i mi nimma gfrein miaßat.

Karli:
Ja ja.

Wiggerl:

Woaßt, mia tät des jetz ois nix ausmacha, wenn wenigstens a paar Weiba do warn.

Karli:

Ja, aber de kemman doch glei.

Wiggerl:

Na! **(Nein!)** Net die unsern! Weiba hoit!

Moderatorin:

Karli überbrückt nun die lästige Wartezeit mit einem fachmännischen Urteil.

Karli:

Schau hi, jetz wenn's da enten gscheit oreißt,
dann ziagts da umma und wenn's net ausloßt,
dann geht's rundummadum und
dann hammas a scho beinand.

Moderatorin:

Ich wiederhole: „Wenn's da enten gscheit oreißt,
dann ziagts da umma und wenn's net ausloßt,
dann geht's rundummadum
und dann hammas a scho beinand."
Zu Deutsch: „Das wird noch dauern."

Wiggerl:

Ge, aber oans is a klar: wenn unsre Weiba jetz dann glei wieder daherkommen mit eanane Knoblauchbaguetten und Auberginen-und Zucchini-Scheim.
Damit des klar is: Vor de ersten 12 Halsgrat kommt ma da nix nauf!

Moderatorin:

Ich wiederhole: „Vor de ersten 12 Halsgrat kommt ma da nix nauf."
Zu Deutsch: „Was nicht Fleisch ist, ist keine Nahrung."

Die Kollegen über Monika

Michael Altinger: „Grad raus, blitzgescheit und weitaus sensibler, als viele meinen. Ich kenne niemanden, der sich über Menschen und Situationen so leidenschaftlich aufregen kann wie Monika."

Christian Altinger: „Monika muss am Beginn der Sendung im Show-Nebel dicht vor mir die steile Studio-Treppe runterlaufen. Ich glaub, sie hat jedes Mal Todesangst, dass ich sie vor Aufregung runterstürze."

Eva Mähl: „Monika ist so echt wie sie spielt und ein fleischgewordener Fundus an bayerischen Unflätigkeits-Bekundungen mit der Attraktivität einer ganzen Model-Agentur. Sollte der Herrgott bei Erni Singerl also noch gewisse Skrupel gehabt haben – so hat er sie bei Monika definitiv abgelegt."

Karli:
Du, stell Dir vor, mei Nachbar, der hod jetz an Elektrogrill.

Wiggerl:
Des war scho oiwei a Oschloch!

Karli und Wiggerl lachen

Moderatorin:
Nun betritt Wiggerls Gattin Resi die Bildfläche, in großer Vorfreude auf die baldige Zufuhr ihrer Lieblingsspeisen.

Resi kommt mit einem Teller, auf dem Auberginen- und Zucchini-Scheiben liegen und auch Knoblauchbaguettes.

Resi:
So, wia schaugts aus?

Wiggerl und Karli:
Do muaßt no wartn!

Moderatorin:
Ich wiederhole: „Do muaßt no wartn!"
Mit anderen Worten: „Vor de ersten 12 Halsgrat kimmt ma da nix nauf!"
Nun lässt sich Resi zu einer Bemerkung hinreißen, die für einen jeden Profi-Griller eine große Majestätsbeleidigung bedeutet.

Resi:
Ja nehmts hoit an Fön!

Moderatorin:
Ich wiederhole: „Ja nehmts hoit an Fön!"
Auf Deutsch: „Ihr seid keine Männer!"
Die Entrüstung der beiden Herren ist grenzenlos.

Karli:
Ha!

Wiggerl:
An Fön!?

Karli:
Mei Vater hat scho oiwei zu mir gsogt: Bua, hot er gsagt, merk Dir oans: Wer an Fön braucht, der is a Madl mit nasse Haar.

Moderatorin:
Diesen Spott will Resi nicht länger hinnehmen und geht nun weiter in die Offensive!

Resi:
Guat, dann iß i derweil scho moi a Knoblauchbaguette?

Sie beißt genussvoll in ein Baguette, die beiden Herren schauen ihr dabei neidvoll gierend zu.

Karli *(zu sich und Wiggerl)***:**
Zamreißn! Da miaß ma jetz durch.

Wiggerl:
So! I nimm jetz amoi da die Sach in d'Hand, weil sonst werd das heut nix mehr vor morgn in da Fria.

Wiggerl holt tief Luft und bläst. Beide Männer haben Kohlenstaub im Gesicht und auf der Kleidung.

Resi:
Wie schauts aus? Reißts jetzt o?

Karli:
I woaß net.

Wiggerl:
I sieg überhaupt nix mehr.

Moderatorin:
Das war „Altbayerisch für Einsteiger".
Lektion 2011: „der Mann als Ernährer".

Schalten sie auch nächste Woche wieder ein, dann zu Folge 2012, mit dem Titel: „Wie man 12 Halsgrat roh verspeisen kann".

Guten Abend.

"Die Komiker", Folge 40

„Die nächtliche Heimfahrt"

>Moderatorin: Eva Mähl
>Gerti: Monika Gruber
>Schorschi: Michael Altinger
>Polizist: Christian Springer

Die Frontpartie eines Autos ist aufgebaut, vor dem typischen Bauernstubenhintergrund. Gerti und Beppi sitzen in Tracht im Auto. Gerti sitzt am Steuer. Beppi ist leicht alkoholisiert.

Moderatorin:
Herzlich Willkommen zu unserem Kursus „Altbayerisch für Einsteiger".
Heute Lektion 263: „Die nächtliche Heimfahrt".
Das ist das Ehepaar Gerti und Schorschi Kragleder. Gerti fährt gerade ihren Mann nach Hause, der zuvor beim Zipfelwirt den übermäßigen Konsum alkoholischer Getränke zur Vollendung brachte. Gerti erfreut sich dabei vieler Ratschläge zur Verbesserung ihrer Fahrkünste.

Sie legt einen Gang ein, es kracht.

Schorschi:
Schena Gruaß vom Getriebe.

Moderatorin:
Ich wiederhole: „Schena Gruaß vom Getriebe."
Zu Deutsch: „Das Auto mag Dich."
Und nun erzählt uns Schorschi die vier Hauptsätze bayerischer Beifahrer in weiblicher Begleitung. Wir beginnen mit Nr. 1. Und bitte:

Schorschi:
Host Du scho moi gseng, dass ma mir an vierten Gang a ham?

43

Moderatorin:
Nr. 2:

Schorschi:
I moan oiwei, z'Fuß wärn ma schneller dahoam.

Moderatorin:
Nr. 3:

Schorschi:
Da vorn miaß ma fei links!

Moderatorin:
Und schließlich Nr. 4:

Schorschi:
Wo isn'links ha?

Moderatorin:
Schorschi hat nun die Freundlichkeit und wiederholt das Ganze noch einmal für uns und seine Gerti.

Schorschi *(zählt selber mit den Fingern mit)*:
Host Du scho moi gseng, dass ma mir an vierten Gang a ham?
I moan oiwei, z'Fuß wärn ma schneller dahoam.
Da vorn miaß ma fei links.
Wo isn links, ha?

Moderatorin:
Danke Schorschi.
Und bitte nochmal.

Schorschi:
(zur Moderatorin) Sehr gerne.
(zu Gerti) Host Du scho moi gseng …

Gerti *(fällt ihm ins Wort)*:
Ja Herrschaftzeiten, dann fahr halt nachad selber! Das hob i Dir scho wieder so gern!

„Schon beim Schreiben habe ich die Umsetzung vor meinem geistigen Auge. Das mündet umgehend in ein Gekicher und Gegacker, bis meine Frau ins Büro kommt und wissen will, ob ich denn noch in irgendeiner Form zu retten sei. Am meisten Spaß machen mir die Regieanweisungen."

(Michael Altinger)

A Pfund Blaukraut in der Lätschn, aber gscheit daherredn miaßn!

Moderatorin:
Ich wiederhole: „a Pfund Blaukraut in der Lätschn!"
Zu Deutsch: „Du trägst eine unappetitliche Gesichtsmaske."
Nun reagiert Schorschi mit einem klugen Schachzug und lenkt die Aggression geschickt auf einen weiteren Verkehrsteilnehmer.

Schorschi:
Wos isn er für ein Loamsieder da vorn?
Auf geht's, fahr amoi zua Du Haumtaucher!
Homs Dir den Führerschein beim Lotto … äh gschenkt.
(zu Gerti) Ge weiter, hup amoi!

Er langt ihr ins Lenkrad und hupt wild.

Schorschi:
Des ghört doch verboten sowas!
Derf der da so an Scheißdreck zamfahrn?

Gerti:
Die Polizei scho!

Schorschi schaut noch mal genau hin.

Schorschi:
Was?! Ui!

Moderatorin:
Eine Leuchtschrift am Polizeiwagen bittet unsere beiden Freunde rechts heranzufahren.
Ein Polizist entsteigt dem Wagen und nähert sich dem Ehepaar Kragleder.

Schorschi:
Sag Du ja nix! I mach des scho!

Polizist:
So, guten Abend.
Haben Sie vielleicht irgendwelche Probleme?

Moderatorin:
Und nun reagiert Schorschi mit dem wohl typischsten Satz, der einem bayerischen Gentleman in weiblicher Begleitung in einer solchen Situation einfallen kann.

Schorschi:
Sie is gfahrn.

Moderatorin:
Das war „Altbayerisch für Einsteiger".
Schalten Sie auch nächste Woche wieder ein.
Dann zu Lektion 264 mit dem Titel: „Mit dem Ehemann gemeinsam in der Ausnüchterungszelle".
Schönen guten Abend.

„Die Komiker", Folge 41

„Hygiene und Sauberkeit"

Luki: Michi Altinger
Traudl: Monika Gruber
Moderatorin: Eva Mähl

Der typische Bauernstubenhintergrund. Ein Tisch, mehrere Stühle, der Tisch ist gedeckt. Traudl, im feschen Dirndl, stellt gerade, fröhlich vor sich hinsingend, die letzten Speisen auf den Tisch.

Traudl:
Luki! Essen gibts!

Luki stürmt freudig ins Zimmer, er ist von oben bis unten verdreckt. Er setzt sich sofort an den Tisch und nimmt sich gierig drei bis vier Knödel und weitere Speisen auf den Teller. Traudl steht zunächst sprachlos daneben.

Luki:
Ah, do gfrei i mi jetz. Mi hungert a so vui, i konn Dirs garnet sogn. Mei, wia des scho riacht, ahhh!

Sieht sie an und sieht, wie sie ihn anschaut.

Luki:
Is wos?

Traudl *(bekommt einen Tobsuchtsanfall)*:
Ja schaust, dass'D Di vom Tisch wegschleichst,
Du Misthaufa auf zwoa Fiaß!
Ja homs Dir d'Maniern im Scheißheisl beibrocht, Du gstinkerter Odlgruabndaucha Du!!

Luki:
Ha?

Moderatorin tritt überraschend ins Bild.

Moderatorin:
Herzlich Willkommen zu unserem Kursus „Altbayerisch für Einsteiger".
Heute Lektion 238: „Hygiene und Sauberkeit".
Das sind Traudl und Luki, bei ihrem alltäglichen Streit am Mittagstisch. Wir wiederholen noch einmal das eben Gesagte.

Traudl:
Ja homs Dir d'Maniern im Scheißheisl beibrocht
Du gstinkerter Odlgruabndaucha Du!!

Moderatorin:
Aufgepaßt! Hier lernen wir einen neuen Begriff:
„Du gstinkerter Odlgruabndaucha."
Luki ist also Anhänger einer typisch bayerischen Extremsportart.

Luki:
Aber i hob mi doch gwaschn.

Traudl:
Wos host Du Di?!

Luki:
Es is hoit net mehra obaganga.

Moderatorin:
Ich wiederhole: „Es is hoit net mehra obaganga."
Zu Deutsch: „Ich bin nicht dreckig, ich sehe immer so aus!"

Traudl geht zu Luki, steht leicht hinter ihm.

Traudl *(gespielt süßlich)*:
Mei Du armer Kerle, is net mehra obaganga, ha?

Luki:
Ja, wenn i's Dir sag.

Traudl *(wird plötzlich energisch)*:
Ja dann miaß ma hoit a bisserl nochhelfa, gell!
Des is doch koa Problem für mi, ha?

„Es is hoit net mehra obaganga."

Traudl schüttet Luki den gesamten Inhalt eines gut gefüllten Putzkübels über den Kopf, der bis dahin, nicht sichtbar, hinter Luki stand.

Traudl:
Ja schaug amoi, wos do obageht!

Moderatorin:
Ich wiederhole: „Ja schaug amoi, wos do obageht!"
Zu Deutsch: „Sie her, so leicht kann man abnehmen."
Zur Vertiefung vielleicht noch einmal.

Traudl:
Oh ... ja!

Luki:
Wos?

Traudl schüttet Luki noch einen Eimer über den Kopf.

Traudl:
Ja schaug amoi … *(zu Luki)* Wos muaß i sogn?

Luki:
Ja schaug amoi, wos do obageht.

Traudl:
Stimmt. *(zu Luki)* Miaß ma's nomoi macha.

Moderatorin:
Ja, leider.

Traudl schüttet Luki noch einen Eimer über den Kopf.

Traudl:
So! So gfoist ma scho besser! So konn ma Di scho oschaung.

Luki:
Ja, aber Du muaßt doch jetz no sogn …

Traudl:
Wos is? Is no net ois herunten?

Luki:
Doch doch!!

Traudl:
Mei, schadn konns nie!

Traudl schüttet Luki noch einen Eimer über den Kopf.

Traudl *(setzt sich)***:**
Oiso nachad. An Guatn!

Luki:
An Guatn.

Traudl beginnt genussvoll zu Essen, Luki sitzt tropfend und handlungsunfähig daneben.

Moderatorin:
Das war „Altbayerisch für Einsteiger", Lektion 238: „Hygiene und Sauberkeit".

Schalten Sie auch nächste Woche wieder ein zu Lektion 239 mit dem Titel:„Schwere Erkältungen am Mittagstisch" Guten Abend.

Luki niest laut im Hintergrund.

"Die Komiker", Folge 42

„Der eingebildete Kranke"

Moderatorin: Eva Mähl
Xaver: Michi Altinger
Britta: Monika Gruber
Ferdl: Christian Springer

Die übliche Bauernstube. Xaver liegt auf einem Canapé und schnarcht, auf ihm liegt eine Zeitung.

Moderatorin *(im Flüsterton)*:
Herzlich Willkommen zu unserem Kursus „Altbayerisch für Einsteiger".
Heute Lektion 3488: „Der eingebildete Kranke".
Das ist Xaver. Xaver hält gerade seinen alltäglichen Mittagsschlaf. Doch gleich wird er sich schrecklichste Schmerzen zufügen.

Xaver will sich im Schlaf umdrehen und stürzt dabei sehr ungelenk vom Canapé. Wacht auf und stellt fest, dass ihm etwas weh tut, er schreit auf. Erst zaghaft, dann gscheit.

Xaver:
Ja he! Ja Aua! Ja tuat des weh! Aua! Aua!

Moderatorin:
Sofort betritt seine Frau Britta den Raum und ist umgehend in höchster Sorge.

Britta:
Ja um Gottshimmelswuin, wos ist denn passiert?

Xaver:
Irgendwer hot ma s'Canapé wegzogn.

Britta:

Um Gottswillen, is schlimm!?

Moderatorin:

Ich wiederhole: „Um Gottswillen, is schlimm."
Ein Satz, der von jedem bayerischen Mann gern gehört wird,
denn er eröffnet ihm sämtliche Möglichkeiten, sein grenzenloses Heldentum unter Beweis zu stellen.

Xaver:

Ah, i glab, so wia si des ofuit, hob i ma de ganze rechte Seitn
brocha.

Britta:

Wo?

Xaver:

Ja, jetz sieht ma's no net, aber wenn ma's dann sieht, dann
moan i schauts nimma guat aus.

Moderatorin:

Ich wiederhole: „Wenn ma's dann sieht, dann moan i schauts
nimma guat aus."
Auf Deutsch: „Ich bin so gut wie tot, aber ich stehe das
durch."

Britta:

Mei, Du armer Teifi Du! Wos Du ois aushoitn muaßt, des is ja
fast net zum glabn, dass oa Mensch alloa solcherne Schmerzn
ham ko.

Moderatorin:

„Dass oa Mensch alloa solcherne Schmerzn ham ko." Dieser
Satz wird von jedem bayerischen Mann als unmissverständ-
liche Aufforderung verstanden, sein Martyrium weiter aus-
zuschmücken.

Xaver:

Ah, jetz … jetz wird's ma aufamoi ganz schwindlig.

Ah, i glab, so wia si des ofuit, hob i ma de ganze rechte Seitn brocha.

Britta:
Jessas! Mei, leg Di doch hi!

Xaver *(während er sich hinlegt)*:
Ah, mei Kopf! Mei Kopf is ganz hoaß.

Britta:
Dir bleibt doch nix daspart.

Xaver niest laut.

Britta *(will ihn zudecken)*:
Mei, und verkält host Di a glei.

Moderatorin:
Doch da betritt Ferdl den Raum, ein alter Freund von Xaver, der eine wichtige Nachricht zu überbringen hat.

Ferdl:
Griaß Eich nachad. Geht's Eich guat, Eich zwoa?

Britta:
Ja mir scho. Aber der Xaver hod a ganz a schware Gripp kriegt, weil eam irgendwer a's Canapé wegzogn hod.

Ferdl:
Um Gottswilln, is schlimm?

Britta:
I glaub der kann heid ned zum Schafkopfn mitgeh.

Xaver steht auf, als wär nix.

Xaver:
Ah, jetz geht's scho wieder.

Moderatorin:
Ich wiederhole: „Ah, jetz geht's scho wieder."
Auf Deutsch: „Für diesen Moment kann ich mich gerade noch zusammenreißen."

Xaver:
Wos hättstn braucht?

Ferdl:
I woit bloß sogn, dass i heit net zum Schofkopfa kemma konn, weil i ma sakrisch mein kloan Finga oghaut hob.

Ferdl zeigt seinen einbandagierten linken kleinen Finger.

Britta:
Um Gottswilln, is schlimm?

Moderatorin:
Ich wiederhole: „Um Gottswillen, is schlimm."
Ein Satz, der von jedem bayerischen Mann gern gehört wird, denn er eröffnet ihm sämtliche Möglichkeiten, sein grenzenloses Heldentum unter Beweis zu stellen.

Ferdl:
Jetz, wo's D'as sogst, jetz werds ma aufamoi ganz schwindlig.

Britta:
Mei, jetz aufamoi?

Ferdl:
Jetz aufamoi. Und mei Kopf is a scho ganz hoaß.

Britta:
Mei, leg Di doch grad da hi.

Ferdl legt sich aufs Canapé.

Xaver:
Ja ja, jetz is mei Kopf aufamoi a wieder ganz hoaß.

Xaver legt sich zu Ferdl aufs Canapé.

Ferdl:
Und an Huastn hob i a.

Xaver:
Aber Du huast doch garnet.

Ferdl:
Ja, aber i gspürs scho, wie er kimmt.

Britta:
Mei, seids Ihr arm. Mei, mei, mei …

Beide Männer stöhnen und jammern nur noch.
Moderatorin tritt ins Bild.

Moderatorin:
Das war „Altbayerisch für Einsteiger",
Lektion 3488: „Der eingebildete Kranke".
Schalten Sie auch nächste Woche wieder ein, dann Lektion
3489, in der wir Ihnen zeigen werden, wie man Scheintote
mit einfachen Hausmitteln wieder zum Leben erweckt.

Britta tritt mit einer Bratpfanne neben die Moderatorin.

Britta:
I gfrei mi scho.

Moderatorin:
Guten Abend.

„Die Komiker", Folge 43

„Im Saunastüberl"

Moderatorin: Eva Mähl
Martl: Michael Altinger
Manni: Christian Springer
Hermine: Monika Gruber

Zwei Männer (Martl und Manni) sitzen in einer Saunakabine, die verdächtig der typischen Bauernstube ähnelt. Beide tragen nur ein Saunahandtuch mit bayerischem Rautenmuster und einen Trachtenhut mit Gamsbart. Sie sind schon sehr verschwitzt.

Moderatorin:
Herzlich Willkommen zu unserem Kursus „Altbayerisch für Einsteiger".
Heute Lektion 1408: „Im Saunastüberl".
Das sind Martl und Manfred. Beide sind echte Saunaprofis und befinden sich bereits seit einem rekordverdächtigem Zeitraum in enormster Hitze.

Martl:
He!

Manni:
Ha?

Moderatorin:
Ich wiederhole: „He!" – „Ha?"
Auf Deutsch: „Dürfte ich kurz um Ihre Aufmerksamkeit bitten." „Ja, aber machen Sie's kurz."

Martl:
So lang san ma no nia ghockt.

Manni:
Na, gsund is des nimma.

Moderatorin:
Ich wiederhole: „Gsund is des nimma".
Auf Deutsch: „Ich erwarte in Kürze mein Ableben".

Martl:
Woaßt, dass hoit oiwei glei so hoaß sei muaß.

Manni:
Ja, tua hoit dann Dein Huat oba.

Martl:
Spinnst Du, dann bin i ja nackert!

Martl:
I frog Di jetz zum Letztnmoi: Bist sicher, dass heit gmischt is?

Manni:
Freili! De kemman scho no.

Moderatorin:
„De kemman scho no."
Auf Deutsch: „Ich verlasse die Sauna nicht eher, bevor ich nicht gesehen habe, wofür ich bezahlt habe."

Martl:
Stad! I hör wos! Jetza, jetz kimmt oane!

Beide Herren schöpfen plötzlich wieder Lebensenergie, die aber sofort wieder verschwindet, als sie bemerken, dass es sich um die Bademeisterin (Hermine) handelt, die einen Aufguss-löffel samt Holzeimer dabei hat, sowie ein Handtuch um die Schulter.

Hermine:
So es zwoa Schwitzkammer-Casanovas!
Warads Es an am frischen Aufguss intressiert?

„Wir haben eine kleine „Komiker-Strafkasse", in die man einzahlt, sollte man durch Gekicher, Albernheiten oder sonstige ungebührliche Auffälligkeiten bei Proben oder bei der Aufzeichnung stören. Bei „Altbayerisch" klingelts in dieser Kasse immer besonders laut. Auf der Bühne kämpft fast immer einer von uns damit, vor unterdrücktem Gegluckse nicht aus der Rolle zu fallen. Nur gut, dass ich als gestrenge Sprachkurs-Moderatorin meistens strikt nach vorne in die Kamera schaue und nicht alles mitkriege, was meine Kollegen hinter mir verzapfen …"

(Eva Mähl)

Moderatorin:

Wir wurden soeben Zeuge des klassisch bayerischen Konjunktivs. Charakteristisch hierfür ist das Wort: „warads", auf Deutsch: „wäret".

Martl:

Dadsd Du des doa?

Hermine:

Ja, dad i doa.

Manni:

Dadadsd Du?

Hermine:

Ja, dadad i.

Moderatorin:

Wir hören hier vier weitere Schlüsselwörter des klassisch bayerischen Konjunktivs: „dad, dadsd, dadad, dadadsd". Was auf Deutsch so viel heißt, wie: „tät, tätst, tätät, tätätst".

Die Bademeisterin macht den Aufguss, es steigt zusätzlicher Dampf auf.

Hermine:

Wenns recht warad, na dadad i Eich no zuawachen.

Manni:

Ha?

Moderatorin:

„Ha?", auf Deutsch: „Tun Sie sich keinen Zwang an!"

Bademeisterin beginnt mit dem Handtuch zu wedeln.

Martl:

He!

Moderatorin:

„He!", auf Deutsch: „Herzlichen Dank."

Beide Männer:

He!

64

Moderatorin:
„Herzlichen Dank!"

Hermine:
Kannt des sei, dass Es so weit warads, dass Eich langsam langa dadad, obwoi heit gmischt wär?

Manni:
Ha?

Bademeisterin macht noch einmal einen Aufguss, geht, verriegelt die Tür.

Beide Männer:
He!!

Kippen rückwärts von der Bank, Blondine kommt zur Tür herein und setzt sich zwischen die beiden.

Moderatorin:
Das war „Altbayerisch für Einsteiger".
Heute Lektion 1408: „Im Saunastüberl".
Schalten Sie auch nächste Woche wieder ein, dann Lektion 1409, mit dem Titel: „Einsame Männer am FKK-Strand"

„Die Komiker", Folge 45

„Essen mit Hindernissen"

>   Moderatorin: Eva Mähl
>   Bertl: Michael Altinger
>   Stasi: Monika Gruber
>   Wirt: Christian Springer

In die übliche Kulisse ist ein feineres Restaurant eingerichtet. Ein Paar (Bertl und Stasi) will gerade mit dem Essen beginnen.

Moderatorin:
Herzlich Willkommen zu unserem Kursus „Altbayerisch für Einsteiger".
Heute Lektion 1001: „Essen mit Hindernissen".
Das sind Stasi und Bertel. Stasi und Bertel haben sich heute einen Abend zu zweit gegönnt und sich für ein feines Restaurant entschieden. Doch die Speisenzufuhr scheint sich nicht ganz nach Bertels Vorstellungen zu gestalten.

Bertl *(an seinem Fleisch säbelnd)*:
Ja, wos isn des für a zache Schuasoin?

Moderatorin:
Ich wiederhole: „zache Schuasoin".
Zu Deutsch: „ungenießbares Schuhwerk".

Bertl:
Und de ziagade Soß moan i, is a vo vorm Kriag.

Stasi:
Wos moanst? Soi ma eam schrein?

Moderatorin:
Ich wiederhole: „Soi ma eam schrein?"

67

Zu Deutsch: „Sollten wir vielleicht den Ober höflichst an unseren Tisch bitten?", auf Bairisch: „Soi ma eam schrein?"

Bertl:
Den Fraß rührt ja koa Hund net o.

Stasi:
Loß hoit nachad steh.

Moderatorin:
In diesem Moment tritt der Betreiber des Speiselokals, Herr Zitzl von Zitzlberg, zu den beiden an den Tisch.

Wirt *(ein feiner Herr in tuntiger Landhaustracht)***:**
Guten Abend, mein Name ist Zitzl von Zitzlberg, ich bin der Betreiber dieses bezaubernden Speiselokals und grüße Sie auf das Herzlichste. Ich wollte fragen:
Ist denn alles zu Ihrer Zufriedenheit?

Moderatorin:
Nun ergreift Bertel die Gelegenheit, um seinem großen Ärger ungehemmt Luft zu verschaffen. Er antwortet mit einer gestandenen Redewendung, wie sie nur in typisch bairischen Gefilden beheimatet sein kann.

Bertl:
Passt scho.

Moderatorin:
Ich wiederhole: „Passt scho."
Zu Deutsch: „Ich bin höchst verärgert über die miese Qualität dieser Speisen, habe aber keine Lust auf ein Gespräch."

Wirt:
Dann bin ich ja außerordentlich erfreut und wünsche Ihnen noch einen recht guten Appetit.

Stasi:
Danke, des is sehr nett. Danke.
(zu Bertl) Hättst fei scho wos sogn kenna.

„Passt scho." zu deutsch: „Ich bin höchst verärgert über die miese Qualität dieser Speisen, habe aber keine Lust auf ein Gespräch."

Moderatorin:
„Hättst fei scho wos sogn kenna."
Zu Deutsch: „Du feiges Schwein."

Bertl trinkt vom Wein, spuckt zur Seite weg.

Bertl:
Wah! Des Kracherlzeig konnst ja net saufa.

Wirt kommt zurück an den Tisch, mit zwei kleinen Geschenktüten.

Wirt:
Zufriedenen Gästen bereitet man gerne ein Präsent. Betrachten Sie dies als kleine Aufmerksamkeit des Hauses.

Stasi:
Mei Dankschön, des hätts doch net braucht.

Wirt ist wieder am gehen.

Stasi *(zu Bertl zischelnd)*:
Sog hoit a wos!

Bertl:
Könnt i dann zoin?

Wirt:
Um Himmelswillen! Hat es Ihnen denn nicht geschmeckt?

Bertl:
Na, na. Es war grad a wengerl vui.

Moderatorin:
Ich wiederhole: „Es war grad a wengerl vui." Zu Deutsch:
„Du kannst Dir diesen Fraß in den Allerwertesten schieben."

Der Wirt bringt die Rechnung. Bertl schaut drauf.

Wirt:
Dann bekomme ich von Ihnen genau 82 Euro und 36 Cent.

Bertl:
(zunächst entsetzt wiederholend)
Zwoaradachzg …
(besinnt sich) Mach ma 100 gradaus.

Wirt:
Oh, herzlichen Dank, Sie sind zu gütig.

Bertl und Stasi:
Ja gern.

Wirt geht.

Bertl:
Der Bluatsauga der. A Drecksladn is des. Der hat uns zum
Ersten und Letztenmal gsehn. Des ist ja kriminell. Den zoag i
o. Olle zoag i's o do herin.

Moderatorin:
Das war „Altbayerisch für Einsteiger",
Lektion 1001: „Essen mit Hindernissen".

Schalten sie auch zur nächsten Folge wieder ein, dann zum Thema: „Haute cuisine im Schweinestall".

Bertl:
Host a Staniolpapier dabei?

Stasi *(zieht eine Alufolie heraus)***:**
Freilich.

Bertl:
Packlts ei. Verkemma loß ma nix.

Moderatorin:
Schönen, guten Abend.

Sie packt seinen Teller ein. Beide gehen.

"Die Komiker", Folge 46

„Die Bierprobe"

> Moderatorin: Eva Mähl
> Rita: Monika Gruber
> Pauli:Christian Springer
> Klausi: Michael Altinger

Die typische Kulisse. An einem Tisch sitzen Pauli, Klausi und Rita. Auf dem Tisch steht ein appetitliches Abendessen.

Moderatorin:
Herzlich willkommen zu unserem Kursus „Altbayerisch für Einsteiger".
Heute Lektion 500 001: „Die Bierprobe".
Das sind Pauli, Klausi und Rita. Rita und Klausi haben Pauli zum Abendessen eingeladen. Doch bevor die Speisen genussvoll verschlungen werden können, wäre noch eine wichtige Frage zu klären.

Rita:
Wos mogstn zum Essn trinka?

Pauli:
Wos hostn do?

Klausi:
Mir hätt ma a Pils, a Weiß oder a Maß Hells.

Moderatorin:
Ich wiederhole: „Mir hätt ma a Pils, a Weiß oder a Maß Hells."
Zu Deutsch: „Wir hätten 0,3 Liter Bier, 0,5 Liter Bier oder 1 Liter Bier."

Pauli:
Wos isn guat?

Rita:
Probier amoi des Helle.

Pauli trinkt.

Moderatorin:
Pauli probiert das Helle und ist begeistert.

Pauli:
Ja zacksndi, a so wos sackrisch guats.
Do gfreit mi ja d'Brotzeit oiwei no mehra!

Moderatorin:
Ich wiederhole: „Ja zacksndi, a so wos sackrisch guats. Do gfreit mi ja d'Brotzeit oiwei no mehra!"
Zu Deutsch: „Ich habe meine Wahl getroffen.
Wir können jetzt essen."
Doch Pauli hat nicht mit der großen Gastfreundschaft von Rita und Klausi gerechnet.

Klausi:
Ja, da probierst jetz zerscht amoi de Weiße!

Rita:
Do werst schaun!

Pauli trinkt vom Weißbier.

Moderatorin:
Auch dieses Bier ist ein wahrer Gaumenbeglücker.

Pauli:
Ui, des gfreit mi ja no vui mehra.

Klausi *(hält ihm das Pils hin)***:**
Pils.

Pauli:
Langsam tät mi hungern.

Rita:
Z'erscht miaß ma wissen, wos ma trinkan.

Pauli:
Wos trinktsn es?

Moderatorin:
Ich wiederhole: „Wos trinktsn es?"
Zu Deutsch: „Ich würde mich euch gerne getränketechnisch anschließen, um somit endlich zur Speisenzufuhr schreiten zu können."

Klausi:
Mir trink ma des, wos Du trinkst.

Moderatorin:
Ich übersetze: „Du mußt leider weitersaufen."

Pauli:
A so.

Pauli trinkt das Pils.

Pauli:
Guat, dann liaba de Weiße.

Klausi:
De Weiße.

Rita:
Dann hammas ja.

Klausi:
Na also.

Pauli:
Dann könn ma ja jetz amoi …

Rita *(hat erneut zwei frische Flaschen hervorgeholt)*:
De dunkle Weiße oder de helle Weiße?

Pauli:
Aber des is doch jetz wurscht.

Klausi:
Nein, is es leider nicht.

Rita:
Wenns trinka net passt, wärs schod ums Essen.

Moderatorin:
Ich wiederhole: „Wenn's trinka net passt, wärs schod ums Essen."
Zu Deutsch: „Sollten Speisen und Getränke nicht harmonie-
ren, wäre jeder Gaumenschmaus verwirkt."

Pauli nimmt wortlos das helle Weiße und trinkt.

Pauli:
I nimm des helle Weiße.

Rita:
Siehst'as. Des war doch jetz gar nicht so schlimm.

Klausi:
Vom hellen Weißen hätt ma jetz a Ratzlbräu, a Stieglinger
oder a Fackispritzer.

Pauli *(Panik)***:**
A Fackispritzer! Gib ma einfach a Fackispritzer.
Des is mei Lieblingsbier.

Rita:
Echt?

Pauli:
Ja.

Klausi *(hält ihm das Bier hin)***:**
Des sogst jetz bloß a so.

Rita:
Probiern!

Pauli probiert.

Pauli:
Ja des. Hob Hunger.

Mir hätt ma a Pils, a Weiß oder a Maß Hells.

Rita:
A Fackispritzer hätt er also gern.

Klausi:
A Fackispritzer.

Pauli (*wackelt schon sehr*)**:**
Mhm.

Klausi:
A Sportler, a Hefe oder Kristall?

Pauli bricht stöhnend zusammen.

Moderatorin:
Das war „Altbayerisch für Einsteiger".
Heute Lektion 500.001: „Die Bierprobe".
Schalten Sie auch nächste Woche wieder ein, dann zu Lektion 500.002: „Wiederbelebung mit Spirituosen".

Rita *(schaut erst zu Pauli runter, spricht dann)*:
Mei, für drei Leut, hätt a's Essen eh net glangt.

Klausi:
Do is guat, dass ma oiwei a Bier dahoam ham.

Rita:
Du sagst es. An Guatn.

Klausi:
An Guatn.

Moderatorin:
Schönen Abend, bis zum nächsten Mal.

„Die Komiker", Folge 47

„Das bayerische A und O"

Moderatorin: Eva Mähl
Karli: Michael Altinger
Heinzi: Christian Springer
Maria: Monika Gruber

Die typische Deko. Karli und Heinzi (Landstreicher) sitzen da und spielen Karten. Beide haben Rotznasen. Maria steht im feschen Dirndl daneben.

Moderatorin:
Herzlich Willkommen zu unserem Kursus.
„Altbayerisch für Einsteiger". Heute Lektion 3/C: „Das bayerische A und O".
Das sind Maria, Karli und Franzi. Karli und Franzi sind zwei Tippelbrüder und haben einen schweren Schnupfen. Sie sitzen in Maria's Gaststube. Maria wird uns nun die Situation noch einmal auf Bairisch erklären.

Maria deutet auf die beiden Herrn.

Maria:
Des san zwoa Krattler.

Moderatorin:
Ich wiederhole: „Des san zwoa Krattler."
Hier hören wir das klassisch bayerische „A",
vertreten im Substantiv „Krattler".
Doch Maria schaut noch etwas genauer hin.

Maria:
De Krattler karteln.

Moderatorin:
Ich wiederhole: „Die Krattler karteln.“
Hier entdecken wir ein weiteres „A“ im Wort „karteln“.
Aber Maria macht noch eine zusätzliche Entdeckung.

Karli muss niesen.

Maria:
Die Krattler karteln und ham an Katarr.

Moderatorin:
Ich wiederhole: „Krattler“, „karteln“ und „Katarr“.
Nun bringen sich die beiden Herren ins Spiel.

Karli:
Host an Hodern do?

Moderatorin:
Ich wiederhole: „Host an Hodern do?“
Hier hören wir erstmalig das klassisch bairische „O“.
„Host an Hodern do?“
Zu Deutsch: „Ich wäre interessiert an einem Gegenstand zur
Reinigung meiner Nase.“

Franzi präsentiert ein leicht zerknittertes Stofftaschentuch

Franzi:
Des is da Hodan vo meim Vodan.

Moderatorin:
Ich übersetze: „Das Taschentuch meines Vaters.“

Karli:
Wo hod ern den Hodern her?

Moderatorin:
„Wo hat er das Taschentuch her?“

Franzi:
Vo da Stod.

Karli *(erstaunt)***:**
A Stoderer Hodern?

Franzi *(stolz bestätigend)***:**
A Stoderer Hodern.

„Des is da Hodan vo meim Vodan."

Karli schnäuzt sich.

Maria:
Miaßts es akrat bei mir karteln mit eiam Katarr.

Moderatorin:
Ich wiederhole: „Miaßts es akrat bei mir karteln mit eiam Katarr?" Zu Deutsch: „Die Art eure Nase zu reinigen, erfüllt mich mit enormem Ekel."

Franzi:
Und? Host wos im Hodern?

Moderatorin:
Ich wiederhole: „Host wos im Hodern?"
Zu Deutsch: „Warst du erfolgreich?"

Karli schaut kurz auf das Taschentuch.

Karli:
Ja, wie's no grod in oam Hodern Plotz hod?

Moderatorin:
Ich wiederhole: „Wie's no grod in oam Hodern Plotz hod?"
Zu Deutsch: „Ich bin erstaunt von der Aufnahmefähigkeit dieses Taschentuchs."

Maria *(angewidert)*:
I glab, dass ma z'gach werd mit Eich ranzige Krattler!

Franzi niest.

Karli:
Do! Nimm an Hodern vo Deim Vodan.

Franzi:
Na! I hob scho Blodern.

Maria *(angewidert)*:
Aahhh!

Moderatorin:
Das war „Altbayerisch für Einsteiger".
Lektion 3/C: „Das bayerische A und O".
Schalten Sie auch nächste Woche wieder ein, dann Lektion 3/D: „Übertragung schwerer Krankheiten".

Maria niest.

Maria:
Hätts es Krattler für mi a a Schneiztiache?

Karli und Franzi:
Wos?!

Maria:
Obts an Hodern hobts?!

Karli *(hält ihr das Taschentuch hin)*:
An stoderer Hodern vo seim Vodan.

Franzi:
Do kriegst aber Blodern.

Moderatorin:
Schönen guten Abend.

"Die Komiker", Folge 48

"Ackerbau und Viehzucht"

Moderatorin: Eva Mähl
Hubbi: Michael Altinger

Typische Kulisse. Ein Bauer (Hubbi) mit einer Mistgabel.

Moderatorin:
Herzlich Willkommen zu unserem Kursus
"Altbayerisch für Einsteiger".
Heute Lektion 8x4: "Ackerbau und Viehzucht".
Hierbei erlernen wir komplizierte Redewendungen und ich freue mich, ein fachkundiges Publikum begrüßen zu dürfen, das mich diesmal tatkräftig unterstützen wird. Das ist Hubbi. Hubbi ist leidenschaftlicher Landwirt und er hat ein Problem.

Hubbi:
Heia is z'weng Reng gwen.

Moderatorin:
Ich wiederhole: "Heia is z'weng Reng gwen." Das Publikum wiederholt nun diesen Satz mit mir gemeinsam. Und bitte *(dirigiert dabei)*:
"Heia is z'weng Reng gwen."
(zum Publikum) Sehr schön. Ich übersetze auf Deutsch: "Wir hatten in diesem Jahr einen Mangel an Niederschlägen." Diese Feststellung zwingt uns, Hubbi eine Frage zu stellen. Wir fragen ihn also: "Ja Hubbi, wos host dann do?"
Wir fragen gemeinsam: "Ja Hubbi, wos host dann do?"

Hubbi:
Ja, wos werd i do ham?
G'odelt hob I hoid.

Moderatorin:
Ich wiederhole: „G'odelt hob I hoid."
Zu Deutsch: „Ich habe die Felder mit Kuhkacke besprüht."
Wir wollen nun von Hubbi wissen, weshalb er dies getan hat.
Zu diesem Zweck konfrontieren wir ihn mit einer Feststellung, die da lautet: „Da Odl riacht doch streng, bei dem z'weng Reng!" Und alle gemeinsam: „Da Odl riacht doch streng, bei dem z'weng Reng!" Wunderbar.

Hubbi *(grantig)*:
Ja, des is doch mir wurscht! Des muaß ois auße, weil i hob oiwei so vui Odel do.

Moderatorin:
Ich wiederhole: „I hob oiwei so vui Odel do."
Auf Deutsch: „Meine Kühe haben Durchfall."
Wir wollen uns nun einen kleinen Spaß erlauben und Hubbi die Frage stellen, die ihn unmittelbar zu einem grenzenlosen Wutausbruch treiben wird. Die Frage muss lauten: „Ja, host denn Du sunst nix zum doa?"
Und zusammen: „Ja, host denn Du sunst nix zum doa?"

Hubbi:
Wos?! Es brauchts fei garnet so gscheit daherredn, gell. Dats es z'erscht amoi selber wos arbatn, na sehts amoi wos los is …

Moderatorin *(will ihm ins Wort fallen)*:
Wir wollen nun gemeinsam …

Hubbi:
Do herin umeinander hocka und blöd daherredn, das sieht Eich gleich, es ausgschamte Bagage …

Moderatorin *(unternimmt einen weiteren Anlauf)*:
Ich wiederhole nun auf Deutsch …

Hubbi:
… eich ghörn ja glei direkt die Löffeln a so lang zong, dass eich bei jedm Schritt drüberhaut …

„I hob oiwei so vui Odl do."

Moderatorin:
Hoits Mei!!

Hubbi *(entschuldigend und ruhig)*:
I sog's ja bloß.

Moderatorin:
Der Zeitpunkt ist gekommen, Hubbi zur Raison zu bitten. Wir beruhigen ihn also, indem wir sagen: „Hubbi, reiß Di zam. Es war grod a Gspaß."
Und gemeinsam: „Hubbi, reiß Di zam. Es war grod a Gspaß."

Hubbi *(regt sich wieder auf)*:
Wos, a Gspaß?! I gib Dir glei an Gspaß.
I bin ja bloß no Eia Hausl! Eich ghört ja mit da Koinschaufi oana drüberzogn, bis Eich d'Kniascheibn a so krachan …
Vor Hubbi tritt eine lächelnde Frau mit einem Schild, auf

dem steht „ZENSIERT". Im Hintergrund hört man Hubbi weiterschimpfen.

Hubbi:
Ja, i glab mei Muli pfeift Bonanza!
Es kennts ma an Schua aufblosn. A so an Krattlerhaufa hob i ja scho lang nimma dalebt …

Moderatorin:
Schalten Sie auch nächste Woche wieder ein, dann zu Lektion 17BH: „Traditionelle Flüche an Feiertagen".
Hubbi beschließt nun die heutige Lektion, in typisch bairischer Manier.

Moderatorin und Schild verschwinden.

Hubbi:
Samma wieder gut, oder?! *(im Abgehen)*
Es Krattler es.

„Die Komiker", Folge 49

„Gefährliche Arbeiten in den eigenen vier Wänden"

Moderatorin: Eva Mähl
Sissi: Monika Gruber
Richie: Michael Altinger
Manni: Christian Springer

An der üblichen Kulisse ist ein Regal befestigt, sowie ein Schrank. Beides kann leicht zum Einsturz gebracht werden durch diverse Vorrichtungen an der Rückwand der Kulisse. Ein Tisch, der durch die Darsteller leicht zum Einsturz gebracht werden kann und daneben eine Stehlampe, deren Birne bei Inbetriebnahme sofort durchbrennt und dabei scheppert. Auf dem Tisch liegen Werkzeug und Bohrmaschine rum. Manni und Richie haben gerade das Regal aufgehängt.

Moderatorin:
Herzlich Willkommen zu unserem Kursus „Altbayerisch für Einsteiger".
Heute Lektion 333: „Gefährliche Arbeiten in den eigenen vier Wänden".
Das sind Manni und Richie. Manni und Richie sind echte Gentlemen und haben ihrer Freundin Sissi beim Umzug geholfen. Gerade haben sie die Möbel in der neuen Wohnung aufgestellt und Sissi betritt hoch erfreut den Raum.

Sissi kommt mit Büchern in der Hand.

Sissi *(hoch erfreut)*:
Ja sche!

Moderatorin:
Ich wiederhole: „Ja sche!"

Zu Deutsch: „Ich bin entzückt von eurem handwerklichen Geschick." Richie und Manni fühlen sich sehr geschmeichelt.

Richie:
Gfoits da?

Sissi:
Ja sche.

Moderatorin:
Ich wiederhole: „Ja sche."
Zu Deutsch: „Ich kann nur unterstreichen, was ich eben schon einmal gesagt habe."

Manni:
Sche ge?

Sissi *(mit Nachdruck)*:
Ja sche.

Moderatorin:
Ich wiederhole: „Ja sche."
Zu Deutsch: „Hörst du schlecht, du Vollidiot?"

Sissi:
Konn i ins Kastl scho wos neistelln?

Moderatorin:
Ich wiederhole: Konn i ins Kastl scho wos neistelln?
Zu Deutsch: Ist die Ablage auch stabil genug?

Manni:
Freili. Da san 8er Dübl drin.

Moderatorin:
Ich habe extra starke Dübel benutzt.

Sie stellt die Bücher in das Kastl, es fällt von der Wand.

Richie:
Aber grod 6er Schraubn.

Moderatorin:
Aber extra dünne Schrauben.

„Bevor ‚Die Komiker' im Studio produziert werden, gibt es Leseproben. Die meiste Gaudi haben wir, wenn wir über den Altbayerisch-Texten sitzen. Bis am Schluss die Regieanweisungen gelesen werden. Da werde ich meistens ziemlich blass: ‚Christian beugt sich über den Grill, welcher explodiert.' ‚Christian steht neben dem Schrank, welcher mit einem lauten Krach zusammenbricht.' ‚Christian hängt drei Meter über dem Boden an einem Seil.' Mein Hilfe suchender Blick zum Regisseur wird ignoriert. Aus der Runde heißt es lapidar: ‚Solange wir keinen Stuntman finden, der so blöd schauen kann wie du, musst du es selber machen.' Also, auf gehts!"

(Christian Springer)

Sissi:
Und da Tisch?

Richie:
Der Tisch steht wie a Oanser.

Richie klopft stolz auf den Tisch. In dem Moment fällt im Hintergrund der Schrank an der Wand in sich zusammen.

Manni:
Nochm Tisch host gfrogt.

Moderatorin:
Ich wiederhole: „Nochm Tisch host gfragt."
Zu Deutsch: „Der Schrank tut nichts zur Sache."

Sissi *(den Tisch prüfend)*:
Und der Tisch passt?

Richie:
Do feit si nix.

Moderatorin:
Ich wiederhole: „Do feit si nix."
Zu Deutsch: „Du begibst dich gerade in akute Lebensge-
fahr."

Sissi *(schaut unter den Tisch)*:
Is des scho gscheit verschraubt?
Mach amoi a Liacht!

Einer macht Licht, Glühbirne brennt sofort durch.
Mannie:
De hod er ogschloßn.

Richie:
Und er hat an Schrank aufbaut.

Sissi *(ironisch)*:
Sche hobtses gmacht.

Moderatorin:
Ich wiederhole: „Sche hobtses gmacht."
Zu Deutsch: „Ich weiß noch nicht, wie ich diesen Saustall
wieder in Ordnung bringen soll."

Richie:
Mei, z'helfa muaß ma si hoid wissen.

Mannie:
Genau.

In diesem Moment fällt der Tisch in sich zusammen.

Moderatorin:
Das war Altbayerisch für Einsteiger, Lektion 333: „Gefähr-
liche Arbeiten in den eigenen vier Wänden".
Schalten Sie auch nächste Woche ein, dann Lektion 334:
„Elektroschocktherapie selbst gemacht".

Sissi:
Ein Glück, dass das Haus noch steht.

Manni:
Da kann nix passiern.

Richie:
Das haben schließlich mir baut.

*Sissi rennt schreiend davon. Die beiden Deppen schauen ihr
nach.*

Moderatorin:
Schönen guten Abend.

"Die Komiker", Folge 50

"Die Urlaubsvorbereitung"

Moderatorin: Eva Mähl
Hermann: Michael Altinger
Gerti: Monika Gruber
Franz: Christian Springer

Hermann und Gerti, vor einem Bett, auf dem zwei geöffnete Koffer liegen. Sie packen die Koffer und tragen Urlauberklamotten. (Er: einen eher kleineren Koffer, trägt seinen Hut / Sie: ein riesen Koffer, trägt ein schrilles bairisches Sommerkleid)

Moderatorin:
Herzlich Willkommen zu unserem Kursus „Altbayerisch für Einsteiger".
Heute Lektion 5124 a: „Die Urlaubsvorbereitung".
Das sind Hermann und Gerti. Hermann und Gerti wollen dem weihnachtlichen Trubel entfliehen und eine entspannte Winterreise antreten. Sie befinden sich bereits in der Endphase des Kofferpackens und nähern sich nun dem heikelsten Moment einer jeden Urlaubsvorbereitung.

Beide klappen ihre Koffer zu. Hermann schließt seinen Koffer ohne Probleme, bei Gerti gestaltet sich die Lage hoffnungslos.

Gerti:
Ja he! Was isn des für a Gfrett?

Moderatorin:
Ich wiederhole: „Ja he! Was isn des für a Gfrett?"
Zu Deutsch: „Holla! Es überrascht mich, dass meine Garderobe die Kapazitäten dieses Koffers mit großer Eindeutigkeit übersteigt."

93

Hermann bleibt in dieser Situation gelassen und gibt sich ganz als bayerischer Gentleman.

Hermann:
I sog nix.

Moderatorin:
Ich wiederhole: „I sog nix."
Zu Deutsch: „Falls du jetzt einen saudummen Kommentar erwartet hättest, muss ich dich enttäuschen."

Gerti:
So vui is doch des net!

Hermann:
Und warum bringst eam dann net zua?

Gerti:
Wega da Körbchengröß vo meim BH!?

Hermann:
  Des glabst ja selber net.

Gerti:
Des war a Witz, Du Depp!

Moderatorin:
Ich wiederhole: „Des war a Witz, Du Depp!"
Zu Deutsch: „Das war ein Witz, du Depp!"
Die Lage spitzt sich weiter zu.

Gerti versucht vergeblich den Koffer zu schließen.

Gerti:
Sog jetz ja nix.

Hermann:
I hob eh gsogt, dass i nix sog.

Gerti bringt ums Verrecken den Koffer nicht zu.

Gerti:
Ja Himmeherrschaft!

Ja he! Was isn des für a Gfrett? So vui is doch des net!

Hermann:
I sog nix.

Gerti:
Wennst Du no oamoi sogst, dass Du nix sogst, dann werd i Dir wos huastn!

Moderatorin:
Ich wiederhole: „dann werd i Dir wos huastn!"
Zu Deutsch: „Ich werde dir eine schwere Erkältung zufügen."
In diesem Moment betritt Franz die Szenerie,
ein gemeinsamer Freund von Gerti und Hermann.

Franz in voller Wintermontur, klopft sich den Schnee ab.

Franz:
Sogts amoi, seit a hoibn Stund wart i unt im Auto. Soi i Eich scho no zum Flughafn fahrn?
Werd des heit scho no wos?

Hermann:
Sie bringtn net zua.

Franz:
Ah. I sog nix.

Hermann:
Des hob i a gsogt.

Moderatorin:
Um zur Lösung des Problems beizutragen, lässt sich Franz
zu einem freundschaftlichen Rat hinreißen.

Franz:
Tua hoid was außa.

Gerti:
I brauch des aber ois!

Gerti beginnt wieder, an ihrem Koffer rumzuwerkeln.

Moderatorin:
Ich wiederhole: „I brauch des aber ois."
Zu Deutsch: „Mein gesamtes Leben hängt an jedem einzel-
nen Kleidungsstück."

Franz *(zu Hermann)***:**
Wär bei Dir no Plotz gwen?

Hermann:
I glab scho.

Franz:
Warum tust dann nix vo ihra nei?

Hermann:
Er is scho zua.

Franz:
A so.

Gerti gibt auf.

Gerti:
Ja Herrschaftszeiten ….
(schimpft vor sich hin)

Geht weinend ab.

Hermann *(zur Moderatorin)***:**
Na also, geht doch.

Moderatorin:
„Na also geht doch."
Zu Deutsch: „Ich habe den Koffer so präpariert um den Urlaub nachhaltig zu verhindern."
(Hermann holt Bier aus dem Koffer)

Franz:
I sog nix.

Moderatorin:
Ich auch nicht. Guten Abend.

„Die Komiker", Folge 51

„Die doppelte Verneinung"

Moderatorin: Eva Mähl
Simmerl: Michael Altinger
Jackl: Christian Springer
Kathi: Monika Gruber

Vor der typischen Kulisse stehen drei Liegestühle. In diesen befinden sich Kathi, Simmerl und Jackl. Simmerl und Jackl tragen Badeshorts und den typischen Hut. Kathi einen Bikini und ein Rautenhandtuch. Simmerl hat einen Feldstecher in der Hand.

Moderatorin:
Herzlich Willkommen zu unserem Kursus „Altbayerisch für Einsteiger".
Heute Lektion 233: „Die doppelte Verneinung".
Das sind Kathi, Simmerl und Jackl. Die drei Freunde befinden sich an einem original bairischen Badestrand und genießen den weißblauen Himmel. Da macht Simmerl eine interessante Entdeckung.

Simmerl:
Auweh. Do moan i is aber oana weit außegschwumma.

Jackl:
Bei dem Seegang! Des dat i ja nia net doa.

Moderatorin:
Ich wiederhole: „Des dat i ja nia net doa."
Zu Deutsch: „Das würde ich nie nicht tun."

Kathi:
Wia jetz? Datst'as dann doa oder net?

Jackl:
Ja, nia net.

Kathi:
Wennst'as nia net doa dadatst, dann datst'as ja doa.

Moderatorin:
Ich wiederhole: „Wennst'as nia net doa dadatst, dann datst'as ja doa."
Zu Deutsch: „Wenn du es nie nicht tun würdest, dann würdest du es ja tun." *(Sie schaut zufrieden.)*

Jackl:
Ha?

Kathi:
Wennst'as net doa dadatst, dann miaßatst ja sogn: Du dadatst'as nia net net doa.

Moderatorin *(prustet)***:**
Ich übersetze: „Wenn du es nicht tun würdest, dann müßtest du sagen: Du würdest es nie nicht …"
(zu Kathi) Wie?

Kathi:
Nia net net doa.

Moderatorin:
Nie nicht nicht nicht …

Kathi:
Herrschaft. Nia net net doa. Das ist doch logisch.

Moderatorin:
Ach so.

Kathi:
Host mi?

„Auweh. Do moan i is oana weit außegschwumma."

Moderatorin:
Nein.

Jackl:
I a net.

Simmerl:
Schau hin. Jetzt winkt er uns!
Und wie er winkt. *(Simmerl winkt auch.)*

Jackl:
Moanst, dass ma eam net helfa solltn?

Moderatorin:
„Moanst, dass ma eam net helfa solltn?"
Zu Deutsch: „Jede noch so kleine Bewegung wäre mir jetzt definitiv zu anstrengend."

Kathi:
Gut, dann helf ma eam net.

Jackl:
Wieso?

Kathi:
Weil du gfragt hast, ob ma eam net helfa solltn und er hod gsogt: ja. Also helf ma eam net.

Jackl:
I bin scho ganz bled.

Moderatorin:
Ich bin schon ganz blöd.

Jackl:
Na, i bin scho ganz bled.

Moderatorin *(dreht sich zu Jackl)***:**
Ja! Und ich bin noch blöder!

Jackl:
Bleder wia i?

Kathi:
Des geht ja garnet.

Jackl:
Ja genau.

Simmerl:
Ja, das is ja der Charly!

Kathi *(nimmt ihm den Feldstecher ab)***:**
Zoag her! Des is ja nia und nimmer net der Charly.

Jackl *(hat einen eigenen Feldstecher)***:**
Und wos hoaßt des jetz?

Kathi:
Ja, dass er's halt nia und …
(zur Moderatorin) Könnt i a Wiederholung ham?!

Moderatorin:
Sehr gerne. Ich wiederhole:
„Es war nia und nimmer net der Charly."

Kathi:
Ja, das hoaßt quasi, dass er … ah, ist ja wurscht.
(zu Simmerl) Schau nomoi noch! Ist er's oder is er's net?

Simmerl:
Jetz is er weg.

Kathi:
Des hätts net braucht.

Jackl:
Des hätts nia net braucht.

Simmerl:
Wia moanst des?

Kathi:
Aaaah!

Jackl:
Weils immer alles besser woaß.

Simmerl:
Mir hama no nia nix besser gwußt.

Jackl:
Wia?

Simmerl:
Wurscht.

Moderatorin:
Das war „Altbayerisch für Einsteiger", Lektion 233: „Die doppelte Verneinung".
Schalten Sie auch nächste Woche wieder ein, dann Lektion 234: „Ertrinken im Bierzelt".
Schönen guten Abend.

„Die Komiker", Folge 53

„Fairness am Spielfeldrand"

Moderatorin: Eva Mähl
Traudl: Monika Gruber
Horstl: Michael Altinger
Heinzi: Christian Springer

Vor dem typischen Hintergrund ist eine kleine Stadiontribüne aufgebaut. Horstl und Heinzi sitzen auf der Tribüne (vielleicht zwei Sitzreihen) und beobachten ein Fußballspiel. Beide haben eine Flasche Bier und eine Wurstsemmel in der Hand.

Moderatorin:
Herzlich Willkommen zu unserem Kursus „Altbayerisch für Einsteiger".
Heute Lektion 442: „Fairness am Spielfeldrand".
Das sind Horstl, Heinzi und Traudl. Die drei sind begeisterte Anhänger des Fußballsports und beobachten gerade eine Begegnung der F-Jugend ihres Vereins, der Spielvereinigung Pfunzenham-Bazlfing.

Traudl:
Ja, des gibt's ja net!

Sie springt von ihrem Platz auf und bleibt fortan stehen.

Traudl:
Sascha, schau hoid net so lang!
Über d'Flügl! Und dann scharf in d'Mittn nei, da bringt scho oana an Fuaß hi. Jetz muaß amoi wos geh da! Herrschaftzeiten nomoi!

Die beiden Männer schauen und hören ihr erstaunt zu. Dann sehen sie sich gegenseitig an.

Horstl:
Is des de Dei?

Moderatorin:
Ich wiederhole: „Is des de Dei?"
Zu Deutsch: „Sind Sie der Eigentümer dieser Kreatur?"

Heinzi:
Ha?

Horstl:
Ob des de Dei is?

Heinzi:
Ge, de Dei ist doch dod.

Moderatorin:
Ich wiederhole: „De Dei is doch dod."
Zu Deutsch: „Lady Diana ist gestorben."

Traudl:
Da, scho wieda da Achta! Sascha, schau hoid hi! Jetz machts amoi wos gega den Achta!

Horstl:
I moan, ob des Dei Frau is?

Heinzi:
Song dan s'es.

Moderatorin:
Ich wiederhole: „Song dan s'es."
Zu Deutsch: „Es gibt Menschen, die das behaupten, ich werde aber nicht allzu gerne darauf angesprochen."

Horstl:
Welcher Bua is dann der Eire?

Traudl *(ins Spielfeld plärrend)***:**
Sascha!!

Heinzi:
Da Sascha.

106

„Sascha, schau hoid hi! Jetz machts amoi wos gega den Achta!"

Moderatorin:
In diesem Moment begeht ein Junge der Spielvereinigung Pfunzenham-Bazlfing eine Regelwidrigkeit.

Pfiff aus einer Trillerpfeife.

Traudl:
Schiri, jetz derfst aber aufhörn! Der unser hot doch grod an Boi gspuit. Ge laß Di doch eiglosn, Du Haumtaucher Du!

Horstl:
Wia isn de dahoam?

Moderatorin:
Ich wiederhole: „Wia isn de dahoam?"
Zu Deutsch: „Wie kannst Du mit dieser Frau leben?"

Heinzi:
So lang i mei Mei hoit, geht's scho.

Moderatorin:
„So lang i mei Mei hoit, geht's scho."

107

Auf Deutsch: „So lange sie mich nicht wahrnimmt, habe ich durchaus Überlebenschancen."

Traudl:
Sascha, jetz muaß amoi was geh!
Ja, lauf da durch, lauf und jetz schiaß, schiaß hoit! Ja! Ja! Doch net so hoch!

Moderatorin:
In diesem Moment wird die Partie vom Schiedsrichter beendet.

Schlusspfiff aus einer Trillerpfeife. Heinzi und Horstl klatschen. Traudl setzt sich. Ist plötzlich ganz ruhig.

Traudl *(beruhigt sich)*:
Was? Schon aus? Ah mei, jetz verlierns a no gega Wamperlfing. Aber was hilfts. Des Verliern müssens a lerna.

Horstl:
Was?! Gega Wamperlfing hams gspuit?!
Des hod uns ja koana gsogt.

Moderatorin:
Ich wiederhole: „Des hod uns ja koana gsogt."
Zu Deutsch: „Diese Information gibt der Situation eine völlig neue Bedeutung."

Horstl:
Ja sonst kennans scho verliern. Aber gega Wamperlfing!

Heinzi:
Des warn ja schon oiwei die Hinterletzten.
(springt von seinem Platz auf) Sascha, kimm Du mir hoam, Du Hundskrippe Du ausgschamta!

Horstl *(ist auch aufgesprungen)*:
Und den Schiri wenn i in d'Finger krieg,
aus dem mach i Hackfleisch …

Ab hier reden die beiden Herren gleichzeitig und Traudl schaut ihnen verwundert zu.

Heinzi:
Es Malefizteifin, wann woits denn Ihr überhaupt einmal gwinna. Dats doch Ihr Schachspuin, wenn's a's Fuaßboispuin net könnts. So eine Blamage, das gibt's ja net …

Horstl:
Der soi sei Pfeiferl verschlucka und dro dasticka. So einen Scheißdreck zampfeifa. Wer stellt denn so an Kasperl aufn Platz. Der ghört ja ozoagt, der Verbrecher, der greißlige …

Die Moderatorin spricht ihre Abmoderation.
Die Herrn schimpfen im Hintergrund.

Moderatorin:
Das war „Altbayerisch für Einsteiger".
Schalten Sie auch nächste Woche wieder ein. Dann zu Lektion 443: „Kettensägenmassaker in der Spielerkabine".
Schönen guten Abend.

„Die Komiker", Folge 54

„Bairisches Liedgut"

Moderatorin: Eva Mähl
Chrissi: Christian Springer
Moni: Monika Gruber
Michi: Michael Altinger

Vor dem typischen Hintergrund hängen in Gleitschirmgurten (rot) drei Personen (Michi, Chrissi, Moni), etwa ein Meter über dem Boden. Sie sind in voller Gleitschirmfliegermontur und sehen nicht glücklich aus. Michi und Chrissi haben einen leicht ausgestopften Bauch.

Moderatorin:
Herzlich Willkommen zu unserem Kursus, „Altbayerisch für Einsteiger".
Heute Lektion 333: „Bairisches Liedgut".
Wir beginnen mit dem Klassiker: „Drunt in da greana Au."
Das sind Chrissi, Moni und Michi. Die drei Freunde sind erfahrene Gleitschirmflieger und haben sich in „da greana Au" ordentlich verflogen.

Chrissi:
Mir häng ma am Bam!

Moni:
Der Gleitschirm hängt am Ast vom Bam!

Michi:
Gleitschirm am Ast, Ast am Bam, Bam in der Au!

Alle drei (deprimiert):
Juchhe!

Michi *(singt deprimiert auf die Originalmelodie)*:
Drunt in da greana Au, hängan zwei Männer
und a Frau, Juchhe!

Alle drei:
Drunt in der greana Au,
hängan zwoa Männer und a Frau.

Moderatorin:
Ich wiederhole: „Drunt in da greana Au,
hängan zwoa Männer und a Frau."
Zu Deutsch: „Unten in der grünen Heide,
baumeln zwei Deppen und eine Augenweide."

Moni:
Hungern dat mi fei sche langsam.

Chrissi:
Mir hängt da Mong scho in de Kniascheibn drin.

Moderatorin:
Ich wiederhole: „Mir hängt da Mong scho in de Kniascheibn
drin."
Zu Deutsch: „Mein Verdauungstrakt wird sich demnächst
von mir verabschieden."

Moni:
Ge, Du hast doch eh a so an riesen Ranzn.

Moderatorin:
„Du hast doch eh a so an riesen Ranzn."
Mit diesem Satz schafft Moni eine Einleitung zu einem weite-
ren Klassiker bairischen Liedguts.

Michi *(singt auf „Auf der Mauer, auf der Lauer")*:
In da greana Aua, auf der Lauer, wippt a riesen Ranzn.

Chrissi *(wippt in seinen Seilen und singt)*:
Schauts amoi mein Ranzn o, wie mei Ranzn tanzn ko.

Alle:
In da greana Aua, auf der Lauer, wippt a riesen Ranzn.

„Mia hängt da Mogn scho in die Kniascheim drin."

Moderatorin:
Ich wiederhole: „Schauts amoi mein Ranzn o, wie mei Ranzn tanzn ko."
Zu Deutsch: „Seht auf meinen dicken Bauch,
tanzen kann er auch."

Moni *(zieht ein Messer aus der Hose)*:
I hätt a Messa do!
Solln ma die Schnürl einfach durchschneidn?

Chrissi:
Spinnst Du!

Michi:
Dann foin ma ja runter!

Chrissi:
Da hauts mi ja auf mein Ranzn.

Moderatorin:
Ich wiederhole:

Diese Bemerkung eröffnet uns die Möglichkeit zu einer Kombination beider Lieder.

Michi:
Ranzn tanzt am Christian, Christian am Gleitschirm,

Moni:
Gleitschirm am Ast, Ast am Bam, Bam in der Au.

Chrissi:
Juchhe.

Michi:
Drunt in da greana Au, tanzn zwoa Ranzn und a Frau, juche!

Alle:
Drunt in da greana Au, tanzn zwoa Ranzn und a Frau.

Moderatorin:
Das war Altbayerisch für Einsteiger, Lektion 333: „Bairisches Liedgut".
Schalten sie auch nächste Woche wieder ein, dann zu Lektion 334 mit dem Titel: „Was machen drei Skelette mit schwarzen Hosenträgern am Ast, Ast am Baum, Baum in der Au?".

Alle drei *(deprimiert)*:
Juchhe.

Moderatorin:
Schönen guten Abend.

„Die Komiker", Folge 55

„Das neue Domizil"

Moderatorin: Eva Mähl
Franz: Michael Altinger
Hilde: Monika Gruber
Mutter von Hilde, Vater von Franz und die Erbtante:
Christian Springer

Vor dem typischen Hintergrund. Links und rechts eine Zimmerwand, eine Couch, ein Wohnzimmertischchen, ansonsten Umzugskartons. Franz und Hilde (traurige Gestalten). Hilde ist sichtbar schwanger.

Moderatorin:
Herzlich willkommen zu unserem Kursus „Altbairisch für Einsteiger". Heute Lektion 17354 d: „Das neue Domizil". Das sind Franz und Hilde. Franz und Hilde sind strahlende Eigenheimbesitzer und befinden sich mitten in einem anstrengenden Umzug. Doch über allem steht die Freude über das gemeinsame Glück und mit dem ersten Satz bekunden die beiden ihre unerschütterliche Liebe.

Franz und Hilde (*unmotiviert*)**:**
Mir ham baut.

Moderatorin:
Ich wiederhole: „Mir ham baut."
Zu deutsch: „Unsre Liebe ist unendlich und nichts wird uns jemals trennen."
Mit dem nächsten Satz unterstreicht Franz, dass er seine Frau für immer glücklich machen will.

Franz:
Sie is schwanger und in zwoa Jahr leng ma noch.

Moderatorin:

Ich wiederhole: „Sie is schwanger und in zwoa Jahr leng ma noch."

Zu deutsch: „Ich habe meine Manneskraft bereits unter Beweis gestellt und ich habe fest vor, den Geschlechtsakt auch ein zweites Mal zu vollziehen."

Und jetzt dürfen wir noch etwas über die Zukunftspläne unsrer beiden Turteltäubchen erfahren.

Hilde:

In fünf Jahr bau ma no an Speicher aus und dann könnts uns alle am Osch lecka.

Moderatorin:

„In fünf Jahr bau ma no an Speicher aus und dann könnts uns alle am Osch lecka."

Zu deutsch: „Bald wird unser Glück vollkommen sein." Da betritt Rainer den Raum. Rainer ist der Vater von Hilde und ein wahrer Fan von seinem Schwiegersohn.

Rainer trägt einen Umzugskarton ins Zimmer.

Rainer:

Moanst, dass er a moi wos helfa könnt?

Stellt die Kiste ab und verlässt den Raum sogleich wieder.

Moderatorin:

Ich wiederhole: „Moanst, dass er a moi wos helfa könnt?"

Zu deutsch: „Könntest du deinem Gatten bitte mitteilen, dass ich ihn für ein faules Schwein halte, das meiner Tochter in keinster Weise würdig erscheint."

Hilde:

I soi Di frogn, ob Du eam helfa könntst.

Franz:

Sog eam: Er soi mi selba frogn!

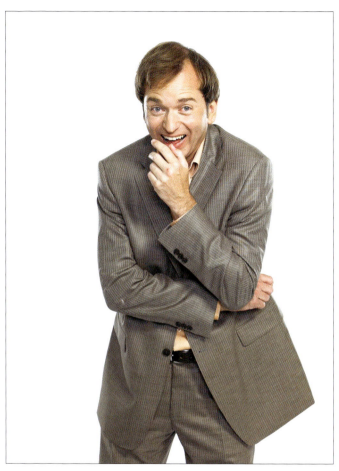

„Ah, i glab des hab i jetz grad net ganz verstandn."

Hilde:

Des konn i eam scho frogn, aber dann sogt er, dass i Dir sogn soi, dass er mit Dir nix red.

Moderatorin:

Ich wiederhole: „Des konn i eam scho frogn, aber dann sogt er, dass i Dir sogn soi, dass er mit Dir nix red."

Zu deutsch: „Ich glaube, du wirst noch viel Freude mit meinem Vater haben."

In diesem Moment betritt Agathe den Raum. Agathe ist die Mutter von Franz, und ihrerseits eine große Anhängerin ihrer Schwiegertochter.

Der gleiche Darsteller, der eben noch der Vater von Hilde war, hat sich zur Mutter von Franz verwandelt. Sie hat eine riesige Platte mit Kuchen und Brotzeit in der Hand.

Agathe:

I hob Eich a weng an Kuacha und a Brotzeit hergricht, net dass ma no verhungerts.

Stellt die Platte ab und verschwindet gleich wieder.

Moderatorin:

Ich wiederhole: „I hob Eich a weng an Kuacha und a Brotzeit hergricht, net dass ma no verhungerts."

Zu deutsch: „Ich traue meiner Schwiegertochter nicht zu, dass sie auch nur im Ansatz weiß, was für meinen Sohn gut ist." Für Hilde kennt die Freude über die großzügige Unterstützung ihrer Schwiegermutter keine Grenzen.

Hilde:

I loß mi scheidn.

Franz:

Aber erst, wenn der Speicher ausbaut is und de Kinder ausm Haus san.

Hilde:

Von mir aus.

Moderatorin:

Ich wiederhole: „Aber erst, wenn der Speicher ausbaut is und de Kinder ausm Haus san."

Zu deutsch: „Gib uns bitte noch eine Chance, ich kann ohne dich nicht leben." In diesem Moment betritt Hildes Erbtante den Raum, um das neue Domizil in Augenschein zu nehmen.

Erbtante (derselbe Darsteller) rollt im Rollstuhl in die Szenerie.

Erbtante:

Es elendige Bagasch. Des is doch ois vui z'teier. Es sads doch bloß auf mei Geld aus, gebts'es doch zua, es Krattlerhaufa es.

Moderatorin:

Ich wiederhole: „Es elendige Bagasch. Des is doch ois vui z'teier. Es sads doch bloß auf mei Geld aus, gebts'es doch zua, es Krattlerhaufa es."

Zu deutsch: „Schön, wenn die Familie so zusammenhält." In diesem Moment betreten auch Hildes Vater und die Mutter von Franz die Szenerie.

Erbtante *(es ist mehr der Darsteller, der spricht)***:**
Ah, i glab des hab i jetz grad net ganz verstandn.

Moderatorin:
Vater und Mutter von Hilde und Franz betreten den Raum.

Erbtante:

(Darsteller) Ähhh… *(Erbtante)* Ja, dene geht's jetz grad zeitlich net so naus.

Hilde und Franz:
Warum?

Erbtante:
Weil, äh, sie san zamgfahrn wordn.

Hilde und Franz:
Von wem?

119

Erbtante *(aggressiv)*:
Ja von am Roistui hoid!!

Moderatorin:
Ich wiederhole: „Sie san zamgfahrn wordn. Ja von am Roistui hoid."
Zu deutsch: „Die beiden lassen sich entschuldigen."
Das war „Altbairisch für Einsteiger", Lektion 17354 d: „Das neue Domizil". Schönen guten Abend.

„Die Komiker", Folge 56

„Der Hosenkauf"

>Moderatorin: Eva Mähl
>Berti: Michael Altinger
>Herr Fauler: Christian Springer
>Lissi: Monika Gruber

Vor dem typischen Hintergrund. An der Seite befindet sich eine Umkleidekabine, (angedeutete Kaufhausatmosphäre). Lissi und Herr Fauler (Verkäufer) in der Deko. Berti in der Umkleide.

Moderatorin:
Herzlich willkommen zu unserem Kursus „Altbayerisch für Einsteiger". Heute Lektion 431c: „Der Hosenkauf."
Das sind Lissi und der Verkäufer Herr Fauler. In der Umkleidekabine befindet sich Berti.
(Eine Hand winkt heraus.)
Berti braucht dringend eine neue Hose. Soeben hat er das erste Stück anprobiert und schreitet nun aus der Kabine.

Berti:
De passt. De kaf ma!

Moderatorin:
Ich wiederhole: „De passt. De kaf ma!"
Zu deutsch: „Ich habe keine Lust mehr. Ich will sofort nach Hause."

Herr Fauler:
„De is ja wia für Eana gmacht."

Moderatorin:
„De is ja wia für Eana gmacht."
Zu deutsch: „Diese Hose steht Ihnen überhaupt nicht, aber

121

sie ist sauteuer und ich will dieses Drecksteil endlich loswerden."

Lissi *(drückt ihm eine weitere Hose in die Hand)*:
Probier de!

Moderatorin:
„Probier de!"
Zu deutsch: „Unter zwei Stunden kommst du mir hier nicht raus."

Er verschwindet wieder in der Umkleide.

Lissi:
Wos hamsn für mi?

Moderatorin:
„Wos hamsn für mi?"
Ich übersetze: „Lassen Sie uns die Zeit nutzen und uns wichtigeren Dingen widmen."

Herr Fauler:
I hätt da a Sommerkleidl.

Lissi:
Is des scho was gscheits?

Herr Fauler:
Ja freili! Des is vo „Eschpritt", aber mia hättn a wos vo „Bradei".

Moderatorin:
Ich übersetze: „Wir vertreten nur Edelmarken."

Lissi:
Packlns ma's ei.

Moderatorin:
Ich wiederhole: „Packlns ma's ei."
Ich übersetze: „Achten Sie darauf, dass mein Mann nichts davon mitbekommt."
Berti ist nun bereit, die nächsten Beinkleider vorzuführen.

122

„Wer das Geld verjubelt, muss es zuvor nicht unbedingt selbst verdient haben."

Berti erscheint in einer quietschgelben Hose mit blauen Karos.

Berti:
De geht doch.

Moderatorin:
„De geht doch." „Ich will hier endlich raus."

Herr Fauler:
I find, es beißt si a weng mit der Augnfarb.

Moderatorin:
„Es beißt si a weng mit der Augnfarb."
Zu deutsch: „Unter normalen Umständen hätte ich Ihnen diese ästhetische Frechheit verkauft, aber ich will Ihre Frau noch etwas hierbehalten."

Lissi:
Probier de.

Moderatorin:
„Probier de."
Zu deutsch: „Hau ab."

Berti verschwindet wieder in der Umkleide.

Lissi:
„Wos hamsn sonst no do?"

Moderatorin:
Ich übersetze: „Ich bin bereit, die gesamte Damenabteilung
leer zu kaufen."

Herr Fauler:
I hätt no a paar Röckerl, Jackerl und Tascherl.

Lissi:
Und des is scho wos gscheits.

Herr Fauler:
Mei, es is hoid ois sauteier.

Lissi:
Dann passt's eh.

Hält ihm die Tüte hin, damit er das Zeug hineinstopfen kann.

Moderatorin:
Ich wiederhole: „Es is hoid ois sauteier. Dann paßts eh."
Zu deutsch: „So lange der Preis stimmt, habe ich keine Be-
denken." Berti tritt nun ein weiteres Mal aus der Umkleide,
um sich begutachten zu lassen.

*Berti erscheint mit der nächsten Hose (zu kurz und oben zu
weit).*

Lissi:
Am Bund is z'weit.

Herr Fauler:
Dafür untn z'kurz.

Berti:
Gfoin duats ma a net.

124

Herr Fauler:

Billig is.

Lissi:

De kriagst.

Moderatorin:

Ich wiederhole: „Am Bund is z'weit. Dafür untn z'kurz. Gfoin duats ma a net. Billig is. De kriagst."

Zu deutsch: „Für heute bist du erlöst."

Doch da macht Berti noch eine überraschende Entdeckung.

Berti zieht die teuren Klamotten aus Lissis Tüte.

Berti:

Wos hostn da? Des is fei mei Geld!

Lissi:

Ja scho. Aber i zoi mit Deim Geld. Und wer zoit, schafft o.

Moderatorin:

Ich wiederhole: „I zoi mit Deim Geld und wer zoit, schafft o."

Zu deutsch: „Wer das Geld verjubelt, muss es zuvor nicht unbedingt selbst verdient haben."

Das war „Altbairisch für Einsteiger" Lektion 431c: „Der Hosenkauf".

Schönen guten Abend.

„Die Komiker", Folge 57

„Die Danksagung"

Fred: Michael Altinger
Blasi: Christian Springer
Stasi: Monika Gruber
Moderatorin: Eva Mähl

Vor dem typischen Hintergrund. Fred, Blasi und Stasi stehen an einem modernen Rednerpult, so wie sie bei Oskarverleihungen genutzt werden. In der Mitte ein Mikrofon an einem Stil, an das sich jeder extra beugen muss (sie haben einen hässlichen Pokal in der Hand.)

Moderatorin:
Herzlich Willkommen zu unserem Kursus „Altbairisch für Einsteiger", Lektion 2002½ „Die Danksagung".
Das sind Fred, Blasi und Stasi. Fred, Blasi und Stasi und meine Wenigkeit haben eine erfreuliche Nachricht zu verkünden: In der letzten Woche wurde uns der Ehrenpreis der „Vereinigung für muttersprachliche Heimatpflege" verliehen. Genau genommen, von der „Vereinigung für muttersprachliche Heimatpflege" der Gemeinde Pfunzenham, Ortsteil Pfunzenham-Südwest.

Fred *(holt einen Zettel aus der Tasche und liest vor)*:
Mia meng ma uns bedanga, bei olle de wo mitgholfa ham, dass des wos ma mir machan, a so wordn is, so wia ma mia gmoant haben, dass sei soitat.

Moderatorin:
Ich wiederhole: „Mia meng ma uns bedanga, bei olle de wo mitgholfa ham, dass des wos ma mir machan, a so wordn is, so wia ma mia gmoant haben, dass sei soitat."
Zu deutsch: „Wir bedanken uns beim gesamten Team."

Stasi:
Und bei dene, de wo dene, de wo uns gholfa, gholfa ham.

Moderatorin:
Ich wiederhole: „Und bei dene, de wo dene, de wo uns gholfa, gholfa ham."
Zu deutsch: „Und bei all jenen, die das Team unterstützt haben."

Blasi:
Und danksche an de, de wo gmoant haben, dass mir wert warn, dass ma uns den Preis gibt, den wo ma jetza ham.

Moderatorin:
Ich übersetze: „Thanks to the academy."

Blasi:
Was hats gsagt?

Fred:
So was hab i ja no nia ghört.

Stasi:
I glab, des war deutsch.

Blasi:
Ach so.

Moderatorin:
Stasi möchte nun einmal daran erinnern, dass dieser große Erfolg nur möglich wurde, durch harte Arbeit, mit viel Schweiß und Tränen.

Stasi:
Ja genau. Es war a so a Schinterei, wenn i dro zruckdenk, dann *(sie beginnt zu heulen und es wird immer unverständlicher)* wia uadra wihihi, grod a so uahaha und dann wihihi-huhuhu.

Die Kollegen über Eva

Monika Gruber: „Eva hat lange Beine, eine sexy Stimme, steht am Wochenende mit dem Sohnemann auf dem Fußballplatz und ist der lebende Beweis, dass schöne Menschen auch intelligent UND lustig sein können! Gell, Rotkäppchen!?!"

Christian Springer: „Niemand auf der Welt kann so charmant und liebenswürdig wie Eva am Tag der Aufzeichnung fragen: ‚Kannst dein Text?' In der Übersetzung heißt das: ‚Wenn du mir auch nur ein Stichwort vergißt und dann die Schuld auch noch auf mich abschiebst, dann gibts ein Donnerwetter, dass du glaubst, du stehst im Auge des Taifuns.'"

Michael Altinger: „Es passiert nicht oft, dass so schöne Frauen so viel Lust daran haben, genau das Gegenteil von dem zu tun, was man von schönen Frauen erwartet. Deshalb gibt's auch nicht viele schöne Frauen, die so lustig sind, wie die Eva."

Moderatorin:
Ich wiederhole: „Es war a so a Schinterei, wenn i dro zruckdenk, dann wia uadra wihihi, grod a so uahaha und dann wi-
hihihuhuhu."

Stasi und die Moderatorin weinen.
Fred und Blasi schauen sich an.

Fred:
A so schlimm wars a wieder net.

Blasi *(zu Fred)***:**
Wos trenznsn nachad so?

Moderatorin *(plötzlich gefasst)***:**
Hier lernen wir einen völlig neuen Begriff in unserem Kur-
sus, den Begriff „Trenzn".
Zu deutsch „weinen".

Moderatorin weint weiter.

Fred:
Genau. *(zu den Frauen)* Wos trenszn so?

Moderatorin *(wieder gefasst)***:**
Ich wiederhole: „Wos trenszn so?"
Zu deutsch: „Woher diese plötzliche Ergriffenheit?"

Moderatorin weint sofort wieder weiter.

Stasi *(weinend)***:**
I trenz oiwei, wenn i mi gfrei.

Blasi:
Muaß ma do trenzn?

Fred:
Wenn si d'Weiba gfrein, dann trenzns.

Moderatorin *(wieder gefasst)***:**
Ich wiederhole: „Wenn si d'Weiba gfrein, dann trenzns."
Zu deutsch: „Wir werden die Frauen nie verstehen."

Fred:
Wega dem billigen Blechkiwe?

Blasi:
Den kriag i ja beim Oideisenhandler für zwoa Euro. Do muaß i doch net glei trenzn.

Stasi hört zu weinen auf. Greift sich den Pokal und betrachtet ihn kurz.

Stasi:
Stimmt a wieda.

Moderatorin:
Ich wiederhole: „Stimmt a wieda."
Zu deusch: „Ich finde, wir haben diese billige Auszeichnung mehr als verdient." Und deshalb wollen wir unserer Freude noch einmal Ausdruck verleihen und uns noch einmal bedanken mit einem seriösen und höflichen Gruß:

Fred *(brüllt)***:**
Zisei! Zisei!

Blasi und Stasi *(brüllen)***:**
Hey, hey, hey.

Fred:
Zisei! Zisei!

Blasi und Stasi:
Hey, hey, hey.

Moderatorin:
Ich übersetze: „Zicke, zacke, zicke, zacke. Hoi, hoi, hoi."
Auf bairisch: „Zisei, zisei. Hey, hey, hey." Das war „Altbairisch für Einsteiger", Lektion 2002½ „Die Danksagung".
Schalten sie auch nächste Woche wieder ein, dann zu Lektion 2002 2/3 „Verleihung des Bundesverdienstordens".
Schönen guten Abend.

„Die Komiker", Folge 58

„Bavarian English"

Fred: Michael Altinger
Blasi: Christian Springer
Stasi: Monika Gruber
Moderatorin: Eva Mähl

Vor dem typischen Hintergrund. Fred, Blasi und Stasi stehen davor.

Moderatorin:
Herzlich Willkommen zu unserem Kursus „Altbairisch für Einsteiger". Heute Lektion 2022: „Englisch im Dialekt." Das sind Fred, Blasi und Stasi. Die drei sind angestellt beim Fremdenverkehrsamt der Gemeinde Grantlhub und zuständig für englische Sommergäste. Fred wird sich erst einmal, auch im Namen seiner Kollegen, bei seinen britischen Freunden vorstellen.

Fred:
Hello, wi ar sri Grantlhuaba.

Moderatorin:
Ich übersetze: „Hallo, wir drei kommen aus Grantlhub."

Blasi:
Se Stasi is a Grantlhuaberin änd se Fred änd ei ar zwoa Grantlhuabara.

Moderatorin:
Ich übersetze: „Stasi gehört dem weiblichen Teil der Bevölkerung an und Fred und ich dem männlichen."

Stasi:
And wi scho ju samsing of se baverien transdischn …, dransla Dradlarara … Wi scho ju wot wi hef.

133

Moderatorin:
Ich übersetze: „Wir wollen sie nun vertraut machen mit bayerischer Tradition."

Fred:
Sis is a oritschinel Baverien Gamsbart.

Stasi:
And se Gamsbart is on a hed.

Blasi:
Wis sis hed, ju kän häf efri baverien weif.

Moderatorin:
Ich wiederhole: „Wis sis hed, ju kän häf efri baverien weif."
Zu deutsch: „Beim Anblick dieses Hutes wünscht jede baye-
rische Frau den sofortigen Vollzug des Geschlechtsaktes."
Zu diesem Zweck wird Fred nun den Hut auf seinen Kopf
befördern und sagt deshalb:

Fred:
Nau, I put se hed on mei hed.

Moderatorin:
Zu deutsch: „Ich habe den Hut aufgesetzt."

Blasi:
Bicos, a man wis a hed is not bed.

Moderatorin:
Ich übersetze auf bairisch: „Die mitn Huat san guat."

Stasi:
Se wan (one) wis se cappi is not cleva.

Moderatorin:
„De mitn Kappi san dappi."
Fred nutzt nun den Hut und geht in die Offensive.

Fred *(zu Stasi)*:
Hello, my name is Fred and I have a hed on my hed?

134

„Bye, see you next week."

Moderatorin:

„Guten Tag, mein Name ist Fred und ich hoffe, meine stattliche Kopfbedeckung ist ausreichend, um dein Interesse an meiner Person zu wecken." Worauf Stasi antwortet.

Stasi:

O.K. Fred! Let's go to bed.

Moderatorin:

„Ist in Ordnung, Fred. Lass uns für Nachwuchs sorgen." Blasi macht unsere englischen Gäste nun darauf aufmerksam, dass Stasi und Fred sicher bald heiraten werden.

Blasi:

Atenschn! Se Fred is from se Stasi.

Moderatorin:

Doch herrje!
Durch eine ungeschickte Bewegung verliert Fred seinen Hut.

Fred macht eine seltsame Bewegung. Hut fällt zu Boden.

Fred:

Ja so wos bläds, Himmeherrschaftzeiten!

Moderatorin:

Sehr schön. Und jetzt bitte noch mal auf englisch.

Fred:

Wos? Ach so. Ja, so wos stupids, Hävenkingteims (heavenkingtimes)!

Moderatorin:

Blasi erklärt uns die Situation noch einmal genauer.

Blasi:

Fred hed a hed on his hed.

Moderatorin:

Ich übersetze: „Fred hatte einen Hut auf seinem Kopf." Stasi fragt zur Sicherheit noch einmal nach.

Stasi:
Hed Fred hed a hed on his hed?

Moderatorin:
Zu deutsch: „Hatte Fred auf seinem Kopf einen Hut gehabt?"
Blasi erklärt unseren englischen Gästen das Problem noch
genauer.

Blasi:
Hätt er on his hed koan hed net ghabt,
hätt der hed net vom hed foin kenna.

Moderatorin:
Fred bestätigt Blasis Feststellung.

Fred:
Sis is a wieda olreit.

Moderatorin:
Zu deutsch: „Das ist auch wieder richtig."

Blasi:
Moanst, dass bei der Stasi wos geht ohne hed.

Hebt den Hut auf, schaut ihn an.

Fred:
Wenn der Gamsbart no steht, is nia z'spät.

Moderatorin:
Ich übersetze: „As long as the Gamsbart is not damaged, it is
never too late."

Fred und Blasi:
Hä?!

Stasi:
So a Gscheitmacherin.

Moderatorin:
Ladies and gentlemen, this was our course „Elder Bavarian for absolute beginners". Episode 2022: „English in case of dialect".

Fred:
Des hätt I a song kenna.

Stasi:
Sogar auf deutsch.

Blasi:
I net.

Moderatorin:
Bye, see you next week.

ENDE

Das Team von „Die Komiker"

Michael Altinger, Monika Gruber, Eva Mähl und Christian Springer bilden beim Bayerischen Rundfunk seit 2005 das Team von „Die Komiker".

Michael Altinger

1970 geboren in Landshut, aufgewachsen in Bachmehring bei Wasserburg/Inn. Kindergarten, Schule, Fußball, Stadtkapelle (Querflöte), ab 1990 Studium an der FH Landshut, nebenher Schauspiel- und Sprechunterricht, erste Rollen in Theaterproduktionen und Operetten. Nebenher als pädagogischer Mitarbeiter im Jugendwohnheim Landshut angestellt.

Ab 1991 erste Kabarettprogramme gemeinsam mit dem Musiker Martin Julius Faber. 1996 Diplom zum Sozialpädagogen, Freundin schwanger, neue Wohnung, Gewinn des „Passauer Scharfrichterbeils", Job gekündigt und seitdem nur noch Kabarett. Seit 1999 Autor und Darsteller in der Sendung „Die Komiker". Weitere Fernsehsendungen: „Ottis Schlachthof", „Scheibenwischer", „Schimpf vor zwölf", „Rosenheim Cops", „München 7". 2001 Bayerischer Kabarettpreis, 2008 Deutscher Kabarettpreis. Seit 1997 verheiratet und wohnhaft bei Wasserburg/Inn, zweifacher Vater und Mittelstürmer des FC Sternstunden (Benefizmannschaft des BR).

www.michael-altinger.de

Monika Gruber

1971 in Wartenberg geboren. Aufgewachsen auf dem elterlichen Bauernhof in Tittenkofen im wunderschönen Landkreis Erding (gibts übrigens wirklich!), danach die übliche Folter: Kindergarten, Grundschule, Gymnasium blablabla, Ausbildung zur Fremdsprachensekretärin mit Schwerpunkt blablabla …. zeitweise Anstellung bei einer Computerfirma …. kleines Gehalt, großer Frust ….

Ausbruch und Aufbruch zur Schauspielschule „Ruth von Zerboni" in München / Grünwald …. und mit viel Glück und Mithilfe von Georg Maier engagiert an der Iberl-Bühne in München/Solln. Danach erste Fernsehrolle als „Kellnerin Monique" bei „Kanal Fatal" (Bayerisches Fernsehen), anschließend Mitglied bei den „Komikern" gefolgt von kleineren Fernsehrollen in „Siska", „Der Alte", „Tatort" etc. Seit 2004 mit Solo-Kabarett in Bayern und Österreich unterwegs. Ledig, keine Kinder, viele Altlasten, Zukunft ungewiss.

www.monika-gruber.de

Eva Mähl

1965 geboren in Hamburg, aufgewachsen in Regensburg u. München. Musische Ausbildung: Flöte, Klavier, Gitarre, Tanz. Berufsausbildung zur Grafik-Designerin. Langjähriges internationales Fotomodell, viele Auslandsaufenthalte. Diverse Band- und Musikprojekte als Sängerin und Texterin. Langjährige Gesangs- und Sprechausbildung. Darstellerin in TV-Spots, Industrie- und Werbefilmen, Sprecher- und Synchrontätigkeit, erste Moderationsangebote.

Seit 1994 hauptberuflich in der TV-Branche – der Bogen der Tätigkeiten spannt sich von Moderation über Schauspiel bis zur Comedy. Seit 1995 beim Bayerischen Rundfunk präsent in „Die Willy-Astor-Show", „Kanal Fatal", „Die Komiker", „Der Bayerische Kabarettpreis" u. v. a. Als Moderatorin mit journalistischem Anspruch präsentierte sie die unterschiedlichsten TV-Formate – etwa das Boulevardmagazin „taff" und das Wissensmagazin „Galileo"(beide Pro7). Verschiedene TV-Magazine (Medizin, Geldmarkt, Sport oder Karriere), Fernsehgalas und TV-Sender (ARD, N24, Tm3, DSF u. a.) Als Schauspielerin in Serien wie „Anwalt Abel", „Die Rosenheim Cops", „Tierarzt Dr. Engel" u. a. Eva Mähl ist verheiratet, Mutter zweier Kinder und lebt am Ammersee nahe München.

www.evamaehl.de

Christian Springer

Geboren 1964 in München. Studium semitischer Sprachen, Philologie des christlichen Orients und Bayerischer Literaturgeschichte in München. Seit der Schulzeit in verschiedenen Kabarettensembles, bis er 1997 seine Solokarriere begann. Fünf Programme sind seither entstanden, ab 2008 neues Programm „Das merkt doch keiner". Als Kabarettist und Autor hat er mitgewirkt am „Starkbieranstich am Nockherberg", sowie in unzähligen Comedy- und Satiresendungen des Bayerischen Fernsehens wie „Die Komiker", „Kanal fatal", „Ottis Schlachthof", „Spezlwirtschaft" und „Scheibenwischer".

Über die Stadtgrenzen hinaus machen ihn seine Auftritte als „Fonsi, der Wiesngrantler" während des Münchner Oktoberfests bekannt. Bisher sind vier Bücher aus Fonsis Feder erschienen: „Wer mag denn schon dWiesn ...", „Wer mag denn schon dPromis ...", „Fonsi grantelt" und „Fonsis boarisches Fuaßboi-Lexikon". Er ist Mitglied der Münchner Turmschreiber, bekam verschiedene Kabarett-Preise verliehen und ist Träger des Sigi-Sommer-Talers.

www.fonsi.tv

Bildnachweis

Helmut Milz
 Titelbild, 9, 17, 21, 35, 51, 57, 69, 77, 81, 85, 89, 95, 101, 107, 113, 123

Bernhard Kühmstedt
 13, 27, 39, 45, 63, 117, 129, 135, 139–143